一度は泊まりたい日本の宿

渡辺淳一

集英社

一度は泊まりたい日本の宿

渡辺淳一

熱海　蓬莱にて

まえがき

ここにおさめたのは、私が約2年間をかけ、
全国の選《よ》りすぐりの旅館、ホテルを訪ね、各経営者、支配人、
女将さんたちと対談し、語り合ったものである。
各旅館、ホテルなどにより事情と動機は異なるが、
自由で独自な発想、思いによる発言は面白く、示唆に富んでいる。
それは旅館やホテルの構造や建築、造園、もてなしの形、料理にも及ぶ。
そのあたりを参照にされ、「何処《どこ》かに行きたい」気持ちにかられたときは、
ぜひ、一度お訪ねくださるよう願っている。

渡辺淳一

目次

蓬萊の部屋からは、相模湾を一望

ブックデザイン――永井一史

第一章　おおらかな自然に包まれるよろこび

蓬萊《ほうらい》――日本で一番早く春が来るところ

［静岡県・熱海］

平成2年に刊行した『うたかた』という小説の冒頭シーンはここの前庭にある艶《つや》めいた木肌のサルスベリの描写から始まっている。事実、まだ春浅い3月初め、この宿に泊まり、何気なく部屋から春の海を眺めているうちに、突然、『うたかた』のような小説を書いてみようという気持ちにとらわれた。それ以来、この宿を何度、訪れたことか。

嘉永《かえい》2（1849）年の創業だが、どのときも今も、日本で一番早く春が来る宿である。

女将

古《ふる》谷《たに》青《せい》游《ゆう》×渡辺淳一

小説にも書いた『蓬萊』

渡辺　あなたがここの女将さんになったのはいつですか？
古谷　昭和31年です。
渡辺　じゃあ、すごく若かったでしょう。
古谷　20歳のとき。
渡辺　やれといわれたの？　お父さんかお母さんに。
古谷　いえ、20歳で結婚して、熱海へ来たんです。
渡辺　そうか、あなたはここのお嫁さんで。
古谷　そう、よその人です、私。
渡辺　どこから来たの？
古谷　仙台です。
渡辺　仙台から引き抜かれたんだね。今だってこんないい女なんだから、その頃はすごい美人だったろうね。てっきり家付き娘だと思っていた。
古谷　皆さんそうおっしゃるの。
渡辺　旦那の気配が見えないけど。それがまたいいんだよね。
古谷　旦那、しまってありますの。
渡辺　それ、いいね。せっかく美人女将に会っているのに、旦那が出て来ては艶消しだからね。で、この建物になったのはいつ？
古谷　私の結婚式とこの建物の落成と一緒でした。当時は、たった7室。高度成長期になりつつあるときに『蓬《ほう》萊《らい》』を造りました。
渡辺　じゃあ、この建物はそのとき以来ずっと同じで。
古谷　中は何度も直しています。昭和54年に大改装しました。
渡辺　それは何か不都合があって？
古谷　時代です。昭和31年頃に突然、旅行ブームが起こって、団体旅行のお客様が多くなってきたときに、父が造ったんです。私がここへ来て今年で55年。改築も、自分が心地よくいられるようにするにはどうしたらいいかって考えて、その結果です。また、お客様の身になって改築を次々と。まるで男みたいでした。
渡辺　どういうところを変えたの？
古谷　団体様がバスでいらっしゃる。その場合、玄関で「いらっしゃいませ」って立ったままでお迎えするわけです。そうじゃなくて、お客様を玄関で「いらっしゃいませ」と、手をついて頭を下げてお迎えするような仕事をしたい、って思いました。

渡辺　女将のようないい女が手をついて迎えてくれれば、また来たいっていう気持ちになるよ。

山の中腹にある走り湯

渡辺　中の走り湯はそのときにはあったの？

古谷　走り湯は私が作ったんです。一番先に離れを作りました。父の弓道場だったところに「作らせてください」ってお願いして、５つ作りました。そのときは、団体のお客様を取っていましたが、離れでゆったり楽しんでいただきたいと思いまして。先生、その頃は団体の泊まりが１５００円、ここの調理場の洗い場の子のお給料が月１５００円でした。そういう時代に、離れは２５００円いただいたんです。「いやあ、高い」っていわれました。離れと同時に走り湯を作りました。

渡辺　その当時、あそこから湯が出ることはわかっていたんですか。

古谷　源泉は先からモーターで引いて、掛け流しです。もったいないんですけれど、気持ちがいいですから。

渡辺　アイディアだね、あんな山の中腹にね、温泉を作ってしまったんだから。

古谷　あのお風呂を作ったら、世の中に温泉ブームが起きたんです。面白いですね、あれが本当に走り湯なんです。

渡辺　なかなかアイディアのあるお嫁さんだったんだ。

昔の熱海の風情

渡辺　熱海が一番にぎやかだったのは何年頃ですか？

古谷　私が結婚して来た頃です。

渡辺　じゃあ、昭和30年代の初め。

古谷　本当に毎日毎日団体客でした。その頃は糸川《いとかわ》というところに、夜になると女の人が立っていたんです。また、遊郭がいっぱいありましたから。

渡辺　当時は、芸者さんもたくさんいたんでしょう。

古谷　芸者は１２００人ぐらいいて、ほかに見番《けんばん》に通っていない人がもっといましたね。『蓬萊』も毎日芸者衆が入っていました。先生、いい時代で、芸者衆がお座敷に入ると、「明日またおいで」ってお客様がおっしゃる。

海風が肌に心地よい、走り湯

女将の古谷青游さんとは、旧知の仲

翌朝ご飯の後、11時頃にまた芸者衆が来るんです。

渡辺　昼前に来るの？

古谷　はい。お客様が朝ご飯を10時頃召し上がって、芸者衆が着いて、「お風呂へ行こう」って一緒にお風呂に入るんです。芸者衆も浴衣着て来るんです。すごくいい時代でした。旅館は、いついらっしゃろうが、いつお帰りになろうがご自由だったんです。

渡辺　そんな上客ばかり来ていたのが、変わってきた？

古谷　そういうお客様がいらして、団体になって少しずつ変わってきました。チェックイン・チェックアウトがきちんとしたのは雇用の問題からですね。今はチェックインは午後2時、チェックアウトは午前11時ですけれど。あの頃はいい時代でしたよ、先生。

女将という仕事

渡辺　女将さんは一番重労働。気の休まる時間がないと思うけど、どうですか？

古谷　しつらえとかも、自分の嫌なものを置かないで、好きなことしかしないと、あまりストレスってないんですね。お花を活けるのも、季節で掛け軸を替えたり、玄関の飾りを替えたり、楽しいんですよ。

渡辺　自分の好みで自由にやれるから。

古谷　お料理が毎月変わるので、どうしようって大変なんですけど、お客様に「ああ、おいしかったよ」「今月のしつらえ、面白かったね」といわれると、それが励みになって。

渡辺　今でも女将には色気があるけど、それは、接客するからだろうね。

古谷　色気なんてないです。

渡辺　やっぱり接客やめたらダメだよ。銀座でクラブをやっていた人もいっている。やめて一気に老けたって。

古谷　そうかもしれない。先生、私やめられないわね。玄関で「いらっしゃいませ」っていった瞬間、コトっと逝けたらいいな。

渡辺　それこそ大往生。一番の理想だね。たしかに『蓬萊』には、いろいろなところに女将の好みが生きている。固定客が多いのは、そこを気に入っているからで。

古谷　でも時代がこうだから大変です。昔のおなじみさんっていうと、そこしかおいでじゃなかったの。今は、今度はあそこに行こう、ここに行って、あそこはこうだった、ここはこうだったっていろいろ教えてくださる。そういうおなじみさんもいらっしゃる。行かないのに旅館の様子がわかって、ありがたいことですが。

渡辺　時代とともにいろいろな意見をくみ取ってね、ただの頑固じゃなくて。

古谷　若いときに、いろんなことをお客様に教わるじゃないですか。「そのあいさつは何だ」とか、「こんな料理、食べられるか」とか叱られて。優しい人は怒ってくださるわけですね。怒らない方は二度といらっしゃらないでしょ。

渡辺　最近はあまり怒らないでしょう、みんな。

古谷　昔、いい時代に社員旅行でいらして、それから毎年1月に役員の旅行で借り切ってくださるお客様が、こういう料理じゃなくて、旅館もお肉を出したらどうかって。先生、それ大昔ですよ。そして、レストランに連れて行ってくださって、こういう料理が出せるかもしれないって、初めてお肉の料理を考えたんです。先生も、『ヴィラ・デル・ソル（太陽の館）』というホテルを再開するときに、フランス料理の「ヌキテパ」へ連れて行って

調度もすっきりと趣味のいい、数奇屋造りの部屋

朝食の一部。炊き立てご飯も忘れられない味、と定評がある

ホテル『ヴィラ・デル・ソル』のシックなロビー

くださって、そこで、今のシェフに出会ったんですよね。もう15年になりますけど。やっぱりいろんなものをいろんな方にいただいて、現在があるんですね。

洋館を移築したレストラン

渡辺　女将はわがまま娘のように、やるといったらやる。『蓬莱』の下にあるホテル、『ヴィラ・デル・ソル』もそうでしょう。

古谷　先生、あれ買ったから苦労したの。

渡辺　徳川時代のものを大金掛けて、そのまま持ってくるんだから、そんじょそこらのわがままじゃないよね。『ヴィラ・デル・ソル』に惚れ込んで作った経緯をしゃべってごらんよ。まず、どこで見初めたの？

古谷　大磯《おおいそ》です。

渡辺　大磯で見て、すぐほしくなっちゃったわけ？

古谷　知り合いが、大磯で家を壊す人がいて、骨董《こっとう》品があるから見に行かないかっていうので、好きですから、行ったんです。家の持ち主の方が私たちのためにケーキを焼いてくださって、おいしかったんですよ。2時間ぐらいおしゃべりしていて、この古色蒼然《こしょくそうぜん》として汚い建物にひとりで住んでいるので壊すって。「それは可哀想、じゃあ、私に譲ってくださいますか」っていっちゃったの。建物が私を取り込んだんじゃないかと思っているんです。

渡辺　建物のほうから、女将に甘えてきたんだ。

古谷　相手様は驚かれましたけれど、壊す手間が省けるし、またこの建物が生きるので喜ばれて。そんなに大変なことだって思っていないじゃないですか。持ってくればそれでいいと思っていたんですから。

渡辺　そうしたら、どうだったの？

古谷　建築の先生にお見せしたら、「こんな汚い建物、奥様、買って何になるの」とかいわれて。

渡辺　なるほど。

古谷　でもね、何度か見に行って、建築の先生も、じゃあ仕方がないから壊しましょう。夏休みに学生を1ヵ月連れて行って、建物を測って図面にして。それから壊したので丸1年かかりました。

渡辺　いったん壊して、こちらで組み立てたんだ。

古谷　はい。壊して何にするかわからなくて、1年しまっておいたんです。下の海に近い所に私たちの住まいがあって、いくつも部屋があったので、ホテルとレストランか、レストランとプールにでもしようってことになりました。立ち上がるまでに6年かかりました。昭和54年か55年に出会って61年竣工、大変でした。その4、5年後にはバブルがはじけて、まったく普通の世の中に戻っていましたから。

渡辺　とんでもないお嬢様が、変なお遊びを始めたみたいに思われた。

古谷　そうですよ。

渡辺　莫大なお金がかかっても、思い込んだらやっちゃうところがすごい。

古谷　元々は紀州の殿様のものでしたから、お墓のある紀州の長保寺《ちょうほうじ》っていうお寺さんへ、使わせていただきますって、ご報告に行って、それから始めました。

渡辺　今のようにつなげてホテルと、レストラン、バーをやろうというのは、そのときに考えたの？

古谷　はい。まだその頃、徳川様のおひい様が東京にいらして、80歳ぐらいでしたけど、少し図面とか写真が集まりまして、それで復元できたんです。

渡辺　大変なことだから、かえって頑張れるんだ。

古谷　そう。だから、90歳まで生きようと思って。

渡辺　『うたかた』という小説も、ここに来て書く気になったし。

古谷　あれ、本当にありがとうございます。たまに、あの冒頭に似てるね、なんていわれる方もいますよ。

渡辺　そりゃよかった。とにかく、いつまでも現役の女将さんとしてやってほしいね。

古谷　90まで現役で仕事をしたいですね。

渡辺　いや、女将ならできると思うし、ぜひ、やってほしいね。

二期倶楽部《にきクラブ》——十七世紀フランスのサロンを目指す

［栃木県・那須］

「二期」とは大胆な発想である。

「一期一会」はひとつの出会いを大切にしようという意味だが、「二期」となると、また会いましょうというメッセージが感じられる。

17世紀、18世紀のフランスのサロンのようなものが那須《なす》にもできたら面白いと、願いを込めてこの名をつけたという。

将来の夢は那須アカデミーの創設。カルチャーリゾートの戦略はすでにスタートし、着々と進められている。

代表取締役
北《きた》山《やま》ひとみ × 渡辺淳一

ミステリアスな那須

渡辺　那須という場所に『二期倶楽部《にきクラブ》』を、と決められたのはどういう理由からですか？

北山　リゾート地として有名な軽井沢や箱根はすでに私たちには地代も高く、入手が困難だったのです。たまたま実家に出入りしている大工さんのお里が、この近くの黒磯で、すごくいいところだよって案内してもらったのが、那須を知るきっかけです。都心から2時間少々ですよね。こんな近いところに、地代も安く、素晴らしい自然が残っているとは驚きました。最初にすぐ２０００坪を購入し、それがご縁で徐々に買い足して、『二期倶楽部』を開業する頃には、３万５０００坪になっていました。

渡辺　たしかに雄大で、軽井沢よりミステリアスですよ。

北山　那須の連山には、深山幽谷に生息する鶺鴒《せきれい》をはじめ、多くの動植物が豊かに残っていて、自然の奥行きが深いですね。それに、ここ横沢エリアは、里山の雰囲気も残っていて、案外町も近い。訪れて良し、住んで良し、本当に恵まれた場所です。

渡辺　東京から程よい距離というか、時間ですね。道も整っていて。

北山　御用邸があるせいか、看板の規制も厳しく、自然が保護されているように思います。

渡辺　でも、すごいな。ここにこんな施設を作り出すなんて。

北山　会社の保養所でもと、そんな思いでした。しかし、保養所は10年もたつと大変な荷物になると。いろいろ考えた末に、小さな宿屋なら私でもできるように思えたのです。それがこんなに苦労することになるとは……。

渡辺　それを思いついたのは、土地を買われた後ですか。

北山　そうです。７、８年たってからです。

渡辺　建築を始めたのは？

北山　１９８６年に竣工していますから、82〜83年です。その頃は、すでに構想を温めていて、和でも洋でもない、私自身が泊まって心地よく思える別荘のような宿屋にしようと思ったのです。

渡辺　それが最初の……。

北山　池の前の6部屋です。宿泊施設というと、旅館かホテルですね。ホテルというと、コンクリートの大きな建物。あとは老舗旅館……。貫禄ある仲居さんがいるでしょ。若かったせいか、お部屋に挨拶に見えると、こちらのほうが居住まいを正して緊張して……。旅館は、朝寝坊したいと思っても、朝食とか、布団をあげるとかで起こされるし、これは、もうまいったなと思って。

渡辺　客のほうが気兼ねしてね。

北山　それにホテルは色気がないっていうか、無機的でつまらない。なぜヨーロッパにあるような小さな宿屋がないんだろうと思っていました。小さくて愛らしいホテルを創ろうと思いました。『二期倶楽部』では、基本的なサービスに気を配ることはあっても、あえておかまいはいたしません。シンプルな宿屋です。

渡辺　ヨーロッパ風旅館というわけですね。女性だからできるのかもしれない。男って、はたしてペイしてやっていけるのか、細かい計算をたくさんする。女の人は感覚的で「とにかくやってみたいのよ」といって始める。その向こう見ずな凄《すご》みってある。

北山　そうですね（笑）。

渡辺　女の人のほうが怖さ知らずのところがあって、いろいろなことにトライする。それが成功して、思いがけなく伸びたりするんだけど。男は強そうに見えて、意外に臆病者だから、きちんと計算しないとできない。

北山　裏付けがないと不安なんですね。

渡辺　新しい試みは意外に女性が始めることが多い気がしますね。

北山　私は貧乏性で、これでもなかなか思い切ってお金が使えなくて計算しますよ。ロマン的な部分と合理的な部分が自身の中で混在しています。スタートの本館は着工が83年でバブルの前ですから、まだ建築費も安かったと記憶しています。立派に見えますけど、サイズを大きくしなかったから、24年つぶれずにやれたのではと感じています。

渡辺　常識で考えると、6部屋でペイするとは思えないけど。

北山　宿屋業って、基本的にはもうからない。もうけようと思ったら、ほかの仕事をしたほうがいいですね。

渡辺　ほら（笑）、そのあたりがすごい。

ここならではの贅沢

渡辺　ご結婚されていて、この土地を買われたんですね。

1986年創業時、那須横沢の地に作られた本館6室。
部屋の前池は、水輪がもっとも美しく広がる水深5センチにしつらえてある

北山　そうです。夫と仕事をしている中で、感性の違いというのか、考え方がいつもずれるのです。自分自身の仕事にしたいと思った初仕事が『二期倶楽部』です。

渡辺　始めることを許してくれた。

北山　近くにうるさいのがいなくなっていいと思ったんでしょ（笑）。勝手に自立しちゃいました。

渡辺　すてきだね。で、本館が完成したのが？

北山　１９８６年ですね。

渡辺　そしてさらに次が？

北山　今日、先生にお泊まりいただいている川の前の棟です。

渡辺　僕の部屋は素晴らしいね。

北山　池の前の部屋は、和室から見える森の感じが好きという方も多いんですよ。

渡辺　僕は和室が苦手なんで（笑）。

北山　そうそう、最初、先生にご利用いただく部屋は、やはり創業時の場所と思っていたのですが、その情報を得て、急遽《きゅうきょ》チェンジしました。でも、当時の和室は、掘りごたつですから、足がしびれたりしませんよ。

渡辺　それならいいね。

北山　私は池の前の部屋が大好きなんです。裏庭の杉林が一番美しい。今は画一的な料理やサービスオペレーションでは、顧客は満足しませんね。お客様とともに、どのような『二期倶楽部』のストーリーを紡《つむ》いでいくかが、私たちの課題です

「二期」といい切る斬新さ

渡辺　『二期倶楽部』という名前は始めからですか？

北山　はい。現在は「にき倶楽部 1986」が本館をさし、コンセプトを直接訴えて「NIKI・CLUB & SPA」を東館の名称に。これらを合わせて、現在は〝二期倶楽部〟といっています。

渡辺　「二期」って大胆な発想だね。普通は一期一会であまりに有名な言葉だけど、それを二にするなんて、なかなか思いつかない。四文字熟語でしっかりできあがっている言葉を変えちゃうんだから。

北山　変ですか？（笑）

渡辺　変なんだけど、なるほどって納得するね。

北山　友人のコピーライターが考えてくれました。とに

かく宿屋でもない、旅館でもない、ホテルでもない、新しいタイトルを考えていただきたいと伝えました。当然コピーライターは、土地の歴史をひもといて、いろいろ探してきますね。しかし、なかなか気に入る名前がないのです。「センシンテイ」とか、「緑陰」、「なでしこ」、「洗心庵」……。最後に「二期」がありました。直感です。

渡辺　一期一会が、仰天していると思う（笑）。

北山　素人ですから、怖いものがない（笑）。

渡辺　一期一会は、一度の出会いを大切にしたいという意味だけど。そこに二期って、とんでもない発想（笑）。でも、なるほどって。また会いましょうというメッセージが感じられる。

北山　そう感じていただけるだけで充分嬉しいです。

渡辺　なまじ国文学の知識があると出てこない。その大胆さがいい（笑）。その後に「倶楽部」って入れたところがまた、斬新《ざんしん》でね。

北山　とにかく那須の外れですから、何もないところに、白いキャンバスに一筆おとし、描き続けるようなものです。

渡辺　お子さんはいらっしゃるんですか。

北山　おります。

渡辺　子育てと似ていませんか。

北山　子供はかなり反抗しますけど（笑）。

渡辺　自然は反抗しない？

北山　自然は厳しいけど反抗と違う。もっと正直です。季節は巡って人はさまざまに変わっても、春になると花は咲き、秋になると散って……。でも人間は突然、何をやるかわからないという、個人の荒ぶる魂を持っているから怖いです、自然より。

渡辺　ここまで『二期倶楽部』を育てられると、可愛いでしょ。

北山　建築そのものを慈しむよりも、何かその関係性を考えるほうが楽しくなりました。お客様と自分、スタッフと私、そういう関係性を深めていくことが面白い。

渡辺　これからが収穫期だ。金銭的にはどうかわからないけど、いろいろなものが実ってきて収穫期でしょ。

北山　そうだといいです。

渡辺　従業員の方がみんな感じがいいね。女性は奇麗だし（笑）。

北山　一緒に学びながら試行錯誤です。職場は第二のス

木漏れ日の木道はかっこうの散歩道

代表取締役、北山ひとみさんと。自然林を眺めながらのひととき

レストランで供される滋味豊かな野菜は自家菜園で栽培。もちろん無農薬

クールです。

渡辺　東京は、日本の経済力の6割ぐらい持っています。人口は2000万、関東圏を入れると3000万。東京っていう異様な都市の近辺が圧倒的に有利です。東京からの距離に関係している。東京からの距離が致命的で、たとえば、札幌、真夏にいろいろなイベントがあるけど、夏も人が来なくなったんです。最大の理由は、航空券の値段です。札幌、東京間のエアラインは往復で6万円以上する。この値段であれば、今の若者はハワイとか、遊びに行くところがいっぱいありますから。結局、この巨大な東京圏のけた違いな経済力を持った人間をどう呼び込むかが、地方の大問題になっている。その意味では那須はすごく立地条件がいい。ディズニーランドも東京の近くだからやっていけるんです。軽井沢を含めてね、だいたい1時間から2時間圏内ってすてきなところですよ。さらに、ここは今まで開かれていないところだから。先見の明があった。

北山　好き嫌いだけです。不安だけど自分自身を信じて、決してあきらめない。それだけ。

渡辺　今ここにいらっしゃる方で、平均何泊ぐらいしますか？

北山　先生、個人のスタイルが本当に多様になってますから、アベレージ（平均値）って意味ないんです。私はいつもスタッフに「アベレージで考えてはダメよ」って。『二期倶楽部』は小さい宿屋ですから、ひとりずつのお客様の趣味・嗜好《しこう》を見ないといけません。

渡辺　なるほど、いろいろか。たしかにここに泊まっていると別荘はいらないね。

北山　おいしい食事をいただき、温泉に浸かって、日頃のストレスの解消というより、もっと違った余暇スタイルも求められているように思えます。創業20周年記念事業として野外劇場の「石舞台」とその延長にゲストハウス「観季館」を造りました。明日、その観季館とアート・ビオトープに立ち寄っていただきます。アート・ビオトープでは、滞在中にご自身が使う器くらい作れます。朝食後ご案内しますので、絵付けでもなさって楽しんでくださいね。レジデンス棟には、工芸作家が常駐し、作家自身の制作現場でもあり、その上でゲストをケアしています。まだこれからの若手作家です。3、4年ここで腕を磨き、巣立ってほしいと願っています。

まるで、別荘のように自然に囲まれたメゾネットの部屋

渡辺　まだこれから、いろいろな夢があるんでしょう。

北山　そうですね。お客様の中には、〝もっと知りたい、学びたい〟と、学習と旅行を希望されている方が多く、毎夏開催する、サマーオープンカレッジ「山のシューレ（ドイツ語で学校の意）」では、5日間で1000人くらいの方々がいらっしゃいます。那須のこの土地が、未来の文化型「リゾート＋コロニー」へ成熟するよう、始動中です。そのときは先生も、ぜひご参加いただいて、「男女学」の講座をお願いいたします（笑）。

界《かい》ＡＳＯ――不思議な素晴らしい空間

［大分県・瀬の本温泉］

日本にもいろいろな形のユニークなホテルができてきた。
いわゆるシティホテルではない、といってリゾートホテルでもない。
ここは単に泊まって心や体を癒《いや》すというより、
自ら自然の中に溶け込み、自然と和み、融和するためのホテルである。
まさしくここまで来れば、雄大な阿蘇《あそ》の風景と広大な空が
あなたを取り込んでくれる。

支配人　笹《ささ》川《がわ》孝《たか》仁《ひと》×渡辺淳一

ホテルでもなく旅館でもなく

渡辺　ここは阿蘇の北側にあるわけだね。

笹川　そうです。熊本空港から向かいますと、南に見える九重《くじゅう》連山の外輪山の上をずっと走ったところに『界《かい》ASO』はあります。本館から、阿蘇五岳が真正面に奇麗に見えます。

渡辺　いや、なかなか、聞きしに勝るすてきな眺望で。ここを造ったのはいつですか。

笹川　オープンは2006年の6月です。

渡辺　すてきな本館と、離れが12棟あるでしょう。この状態になったのは。

笹川　最初からです。

渡辺　阿蘇のこんなところに8000坪の土地を買ってホテルを開くとは、誰のアイディアですか。

笹川　ここは国立公園の第2種特別地域に指定されていて、本来新たな開発ができない場所です。

渡辺　ほう、それがまたどうして……。

笹川　数十年前に開発された施設がつぶれて荒地になっていたのを、地元の建設会社が購入して環境省に再開発の許可を取りました。

渡辺　なるほどね。

笹川　その建設会社から、この8000坪の部分で宿泊施設をやってくれないかと依頼がありました。

渡辺　そして、このようにしようと。

笹川　はい。開発の方から話があったときに、ここでやれるかどうか判断しなければならなかったわけですが、この眺望と大自然があるならば、いけるんじゃないかと結論を出しました。

渡辺　建物も周りの雰囲気もなかなか斬新にできているけど、建築、内装、家具、衣裳も全部、専門家の意見を入れているの？

笹川　そうです。各分野分野で。ただ、その分野の専門家に全部お任せしていると、バラバラになりがちです。テイストを統一するためのディレクションも、重要な役割です。調整しながら進めてきました。

渡辺　全体を統一してまとめた人もアウトソーシングの人ですか？

笹川　はい。中村悌二《ていじ》さんです。

渡辺　その結果、あなたがここに引き抜かれて支配人を任せられたわけですね。

笹川　そうです。

渡辺　ここ、僕は知らなかったんだけど、最近は女性誌などでも紹介されているようで。

笹川　雑誌媒体がけっこう取り上げてくれています。女性誌の影響は大きいですね。

渡辺　まず女性たちの目に入って、そして男性がついてくるからね。

楽しみ方もそれぞれ

渡辺　12室だけど、1室に何人まで泊まれるの？

笹川　先生のお部屋はふたりしか泊まれませんが、もうひとつ、8畳の和室が付いているタイプがあります。そこでしたらご家族4人とか5人泊まれます。ただ、そういう使い方はわりと少ないですね。大きい部屋もカップルの方が好んで予約されます。ひとりでお越しになるお客様もけっこういらっしゃいます。男性、女性、半々ぐらいですが、必ずといっていいぐらい3泊とか連泊されます。

渡辺　昔は、女性がひとりで泊まると自殺するんじゃないかと心配したけど、今は男性のほうが危なそう。ひとりで3日もいるとなると。

笹川　時代は変わっていますね。何かとても楽しそうにお見受けします。お散歩をしたり、本をゆっくり読んだり、お食事を楽しんだり。

渡辺　そういうのは、いくつぐらいの人ですか？

笹川　30代後半から40代前半ぐらいですね。

渡辺　女性にふられたんじゃないのかな？　ワイフとうまくいかなくてとか。いや違うか（笑）。

笹川　ここでボーッとして、英気を養って、リフレッシュして帰っていかれる感じがします。日常の煩雑さから隔絶されたいのでしょう。観光にもどこにもお出かけにならず、毎日エステを受けたり。男性もですよ。で、夕食のときにはシャンパンを楽しまれて。

渡辺　ひとりで？

笹川　はい。そういうパターンが多いです。男性の方のエステは本当に多くなりました。毎月、統計を取っていますが、利用者の25～30パーセントが男性です。

渡辺　ここに泊まるのはかなり裕福な層でないと。

離れの客室には露天風呂があり、四季折々、自然の中に身を置く清々しさを味わえる

笹川　そうですね。宿泊代金よりも、ほかでたくさん使われる方もいらしゃいます。たとえばふたりでエステを やって、一晩でワインなどのお酒に10万円ぐらい使われる方もそんなに珍しくないんです。10万というのは、1本10万ではなく、シャンパンと白と赤とか。そうすると、1泊でかなりの金額になります。

渡辺　エステだってふたりでしたら。

笹川　1泊で30万ぐらいになりますね。

渡辺　信じられない。いろいろなお客さんがいるんだね。お客さんの中心は関西ですか、関東ですか。

笹川　東京の方が多いです。東京が全体の30〜35パーセントぐらいです。関西は今15〜20パーセントぐらいです。九州全体で35とか40パーセントとかですね。

渡辺　こういう高級でおしゃれなところって、子ども連れの方も来るものですか？

笹川　基本的にお子様はお断りしています。泊まれるのは中学生以上です。

渡辺　そのほうがいいね。子どもがいる風景といない風景って違うから、おとなの空間を保ってほしいね。ここの敷地8000坪の境目というか、無断で中に入ること

8000坪の敷地に点在する12室の離れのひとつ。ゆとりのある空間でプライベートな時間が楽しめる

はできないんですね。

笹川　塀垣をしています。先生のお部屋から露天風呂の向こう側は、原生林との境目です。

渡辺　露天風呂に入っていると、風とともに落葉が降ってきて、自然に浸っている感じがしたけど。

笹川　動物も多く生息していますので、要所要所にカメラを付けて監視しております。

渡辺　部屋も広いし、露天風呂もゆったりしていて、テラスもあって快適で。床暖房も冬はありがたいね。もうなじみの方も多いんでしょう。

笹川　はい。今、30パーセントぐらいのお客様がリピーターです。一番多い方で20回以上来られています。

渡辺　それは女性ですか。

笹川　カップルの方です。10回以上お越しいただいている方はけっこういらっしゃいます。

渡辺　1泊が一番多いですか。

笹川　やはり1泊が多いです。年末年始などの連休は、3泊、4泊される方が多いですね。最初は1泊で来られたのが、リピートしていくにつれて次は2泊、次は3泊——というふうに延びていく傾向もあります。

毎日の出会いが醍醐味

渡辺　リゾート地のホテル・旅館は、東京という大消費地から近いところほど有利だけど。東京から、これだけ離れて健闘しているというのは素晴らしい。それなりの値段でも、商売という感じではない。設立の理想を追っているっていうか、それがいいところだね。やっぱり隔離された高級感が決め手かな。コテージの往復でも、本館の廊下でも、あまりほかの人に会わないし。

笹川　ええ。壁の向こうに部屋があるのと、壁の向こうは外というコテージとでは、だいぶイメージが違うと思います。完全なるプライベート空間です。それゆえ、なかなか利益は出しにくいですね。

渡辺　真夏は、ここは避暑地ですか。

笹川　避暑地です。真夏でも夕方6時を過ぎると、だいたい20度近くまで下がります。

渡辺　標高はどれぐらい？

笹川　１０５０メートルです。

渡辺　それじゃあ、下とはずいぶん違うね。ここから阿蘇の火口まではどのくらいなの。

笹川　阿蘇火口まで車で50分ぐらいです。噴火口近くに行くとガスがすごいんです。その日の状況によっては近づけない日もあります。

渡辺　ところで、従業員の女性たち、みんな美人だね。

笹川　容姿は重要な要素ですけど、雰囲気も重要です。

渡辺　もちろん感じもいい、制服もいいし。

笹川　着物風であり、ちょっとバリ風でもあります。制服は着物デザイナーのカワイヨシロウさんにデザインしてもらいました。スタッフは私が選んで採用しました。人と接することが好きで、ホスピタリティがあるかどうか。話を突き詰めて聞くとだいたいわかります。それが選考基準です。経験は必要がないとはいいませんが、それは後からついてくると。実際にそれを実証できたと思っています。

渡辺　笹川さんが今までやられてきた仕事と『界 ＡＳＯ』では、何か違いがありますか。

笹川　直接、お客様との会話がいろいろな場面でできる環境です。お客様のほうでも、それを望んでいる方がとても多い。これはすごいことですよね。毎日、いろいろな人との出会いがあり、そこに会話があって、お帰りいただいて、また来ていただく。その滞在中にこちらとしては、どのようなアクションを起こすことができるか。今までやってきたことが、ここでようやく生かせる感じです。

渡辺　大きなホテルでは、お客さんとの接点がなかなかないから。

笹川　はい。そうする時間もありません。私は今、お客様に、1日5通の手紙を手書きで書くのと、5通のメールを送るというのを日課にしているのですが……。

渡辺　それはみんな喜ぶね。

笹川　文章を書くのが好きなこともありますが、その人のことを思い浮かべながら、何書こうかなって書いていると、楽しいんです。今、阿蘇はこんな感じですよ、次はいつお会いできますかと。手紙が着いたと電話をいただいたり、それでまたお目にかかれると、とても嬉しいですね。

渡辺　ワープロで打った文章ではなくて、手書きの手紙は、もらうほうもとくに嬉しいね。それはこういう規模のホテルだからできることでもある。今後を期待しています。

ホテル ニドム――カムイに授かりし森

［北海道・苫小牧］

ニドムとは、アイヌ語で「豊かな森」という意味。
その言葉どおり豊かで緑深い森と、その中に点在する湖。
そしてコテージ、石の教会と木の教会。
これらのすべてが自然とうまく調和して心を和ませてくれる。
ここまで来れば、都会のビルも人々の思惑もはるか彼方。
この地に北海道の北海道らしいリゾートが出現して20年になるが、
まだまだ夢は大きく果てしない。

社長

石《いし》川《かわ》修《しゅう》一《いち》

×

渡辺淳一

不毛の地のはずなのに

渡辺　僕は札幌出身なのに、知らなかったな。『ニドム』がこんなに森が残っていて、風情があるおしゃれなところだとは。

石川　私もこういう商売をやって、自然を大切にすることの意味がつくづくわかったんです。イギリスのナショナルトラストも、思想としてひとつのモデルです。『ニドム』は自然豊かなリゾートにしていきたいと思います。

渡辺　僕は『ニドム』というネーミングがとてもいいと思う。アイヌの言葉にも近くて、どこからも文句のいいようがない。

石川　やっぱり北海道の歴史や文化をこの中に残していきたいと思っています。北海道開拓以降の建築は北欧のデザインが中心です。やっぱり環境が似ていますから、北欧の建物や生活が合うということでしょうね。

渡辺　赤煉瓦《れんが》も似合いますね。緑と雪によく合う。

石川　だから今、ふたつ考えているんです。新しく建てる建物は赤煉瓦で建てるか、もうひとつは白で建てるか。白の漆喰《しっくい》壁でね。

渡辺　白で雪が降ってきたら大丈夫ですか？

石川　屋根に濃淡をつけると、白もロマンチックです。緑に白もロマンチックだし、白もいいんじゃないかなと。

渡辺　ドイツの黒い森の中にあるルードヴィッヒのノイシュバンシュタイン城も白いから。雪の中でもすてきだけど、スマートになりすぎませんか？

石川　その代わり建物をクラシックに。以前、北ドイツのバーデンバーデンで、サミットがあったでしょ。あの会場が真っ白。あそこも3、4回見に行きました。苫小《とまこ》牧《まい》とあまり緯度は変わらない。冬には雪が降るし。夏も行きましたけど、冬がいいですね。だから白がいいか、先生がおっしゃったように、煉瓦がいいか。いろいろと研究しようと思っています。

渡辺　130万坪にこれだけの設備を作られて、利益っていうかペイしているんですか。

石川　今はペイしています。やっぱり日本経済がひっくり返ったりして、大変だったんです。

渡辺　全体に贅沢な作りだから。イサムノグチの弟子が作った石の教会は、建設費を気にしないで作りたいということで、信じられない金額をかけたとか。

石川　それでかなり大変だったんです。たまたま銀行がつぶれたということもあり、借金も減額していただきました。そのおかげで、今は心配なくやっていけています。

渡辺　石川さんって不思議な人だね。必ず何かに助けられる。僕は北海道はほとんど歩いたんですけど、いかにも北海道らしいリゾート地はなかった。登別《のぼりべつ》とか阿寒《あかん》とか自然の素晴らしさはあるけど、人工的に作って、なおかつ自然の豊かさを感じさせるものはなかったね。

石川　そう思います。

アイデンティティは北海道

渡辺　北海道はいわゆる日本と少し外れています。だからそのユニークさを出してほしい。その点、『ニドム』はかなり出していると思いますけど。

石川　本州から来たお客様に、どうしてこんなものを作ったかと聞かれると、私は日本人でないから作れたといいます。そうしたら、おまえはどこの人間だと。北海道人だと。そこの差はあるというんです。

渡辺　同じ日本でも、東北以南と北海道は全然別の国ですよ。千歳《ちとせ》空港に降りた途端に、空の大きさから、植物帯・動物帯、全部違いますから。そういうユニークな大地で憩いたい。

石川　そういう考え方を持たないと、こういうものはできませんよ。

渡辺　どさん子も少し外国人っぽい。日本の伝統的な四季観とはまるで違う、その異色なエキゾチズムを活かしてほしいね。

石川　そうなんです。今、先生がおっしゃったエキゾチズム、やっぱりこの森。

渡辺　遊歩道とか散歩道があるのかもしれませんけど、ドイツの森の道は深くて少し無気味で。

石川　奇麗に作ることはないんですよ。そのほうが美しい。ところが日本は、何でも右に倣《なら》えで作っていきますからね。

渡辺　せっかく北海道で作るんだから、日本的なものじゃないほうがいいですね。あくまで北海道的なものを。

石川　ここは1・5キロ森の中をくぐって玄関にお客さんが入ってくるようにしています。歩くと20分かかります。バスでもやっとくぐってくるような森です。何があ

木の香りも心地よいコテージのベランダでとる朝食は、空気もごちそう

るのか、夢があるでしょう。

渡辺　食べ物も、いかにも北海道らしいものを出してほしいね。

石川　今日の晩は、雲丹《うに》に毛蟹《けがに》、キンキやトウキビなど北海道の食材が出ます。

渡辺　昔のじゃがいもの男爵《だんしゃく》のような、ぽくぽくした芋とかね。素のもの、あまり加工していないものを出してほしいな。

石川　北海道らしいものですね。本当の北海道は蝦夷地《えぞち》ですから、蝦夷っぽいリゾートにと思っています。

渡辺　そういうほうが、道外のお客さんも喜んで来ると思います。これだけ土地があったら、いろいろなことが考えられて楽しいですね。

石川　ええ、面白いですよ。ゴルフコースも4コースありますが、乗馬クラブも作ろうと思えば作れます。まだまだ土地は残っていますから。それにホテルとエステ。エステと温泉は納得いくものを作りたいと思います。

渡辺　ぜひ、また来たいな。

石川　それでチャペルも、ロシアっぽいチャペルを考えているんです。ご承知のとおり、北海道って白系ロシア

500万平方メートルの広大な森の中に3年の歳月をかけて建てられた、石の教会

人が多く来ていますから、帯広に行っても札幌に行っても、その血をひいているような美人がけっこういます。

渡辺　昔、「五番館」のパン屋さんに奇麗な美少女がいましたよ。そういわれると、北海道にはロシアっぽいアイデンティティがありますね。

石川　日高だとか白老《しらおい》などは、さらにアイヌ民族と混じり合って、独特なエキゾチックさがありますしね。

渡辺　アイヌの人は奇麗ですね。

石川　『ニドム』の従業員にも、アイヌの血が通《かよ》っている人がたくさんいます。男性も女性も、いい雰囲気の若い人ですよ。

渡辺　アイヌの人はインド人に近いといわれているけど、たしかに似ている、骨格なんかね。

石川　北海道は入植地でしたから、いろいろなものが混ざり合ってできています。そういう歴史を勉強させていただいて、先生がおっしゃったように、森を大切にして、エキゾチックな雰囲気を作っていきたいと思います。まだまだ未完成なんで。

渡辺　期待してますよ。ところで、海外からのお客さんはどんな国の方が多いの？

石川　今はオーストラリアの方、韓国の財閥系とか、香港の財閥系の方。それから外国から日本に商売に来た人がかなり来られます。

渡辺　ここ、一度来るとリピーターになるね。

石川　だからエステも作らないとね。

渡辺　女性は喜ぶでしょうね。

石川　ニューヨーク・フィルのバーンスタイン一行が来られて、「ペレカムイ」というコテージに滞在なさった。安らぎがあるって大変気に入って「ニドムを讃える歌」を作曲してくださったんです。主旋律だけですが。また来て完成させると約束したけど、果たせず亡くなってしまいました。きっと、ニドムでの滞在で「自分の内面と対峙し、ゆったりと自然の風景が移り変わっていくのを感じ、コテージのベランダの椅子に座って、何もしないことの喜びを感じる。そしてニドムを去るとき、周りに広がった自分の豊かさに気づく」という『ニドム』のコンセプトを直感してくれたようです。「心の安らぎと憩いを求める人が、多く訪れることを信じます」と楽譜にメッセージが残っていました。

渡辺　そう、森林浴っていうか、やっぱり自然の力で癒されるのが一番ですね。

石川　森林浴、私は以前、体の調子がよくなかったんですけど、ここで仕事を始めて元気になりました。森林浴効果でしょうね。

渡辺　それ、日本ではなかなか味わえないですね。

石川　いろいろなお客様が来て、どうやって土地を手に入れたのかとか、いろいろなことを聞かれます。カムイから授かった土地なんだと、常にいっているんです。神様から預かった森だと。

渡辺　そういう考え方が今の時代にはない。ぜひ広めてほしいですね。

第二章　新感覚の和モダンな宿

星のや 軽井沢——世界のリゾートを向こうに

［長野県・軽井沢］

ここは、なかなか凝った、徹底的なこだわりで作られた滞在型温泉旅館である。事実、オーナーの星野さんは祖父から引き継いだ星野温泉ホテルを2005年に、まったく新しいアイディアで作り替えられた。そのコンセプトは「もうひとつの日本」「世界のリゾートを目指す」と物々しいが基本は近代的な和のモダンな宿の創設、といっていいだろう。

星野リゾート 社長

星《ほし》野《の》佳《よし》路《はる》 × 渡辺淳一

非日常の追求

渡辺　部屋にテレビがなかったので、驚いたな。これは俗世界から離そうと？

星野　ええ。1泊の場合は、だいたい15時頃にチェックインして、翌日の12時にチェックアウトされます。21時間滞在です。8時間睡眠を取ったとしますと、10時間ちょっとしか時間がありません。テレビがあると、3時間か4時間は観てしまいます。そうすると、日常の世界にその時間は戻ってしまう。新幹線ができ、高速道路がよくなって、これだけ首都圏に近くなっていますから、「旅に来た。人里離れたところに来た」という感じを出すには、テレビはないほうがいいという結論になりました。つまり私たちのこだわりです。

私たちは海外の一流リゾートと闘っている意識があります。バリのリゾートに行って、テレビが見られなくても文句をいう人はいないんですよ。国内になった途端、それが問題になりますが、海外のリゾートのほうが満足度は高い。ですから、そういうものだっていうことがいったん定着してしまえば、私は問題ではなくなると信じています。

渡辺　あなたなりの新しいアイディアの基本コンセプトは何だったんですか。

星野　『星のや軽井沢』が大切にしたことは「温泉旅館道を極める」ことです。いろいろな新しいサービスの提案をお客様に行いました。こういうのはどうか、こんなサービスはどうかと。斬新なアイディアを世界中から持ってきましたが、意外とそういうのは求めていらっしゃらない。新しいものもいいけど、もっと基本になっているところを何とかしてほしいという要望がすごく多かった。たとえば食事の時間帯です。朝起きて、7時、8時から食べなければいけない、21時以降には食べるものがない。バリやハワイの一流リゾートに行ったら、10時に起きて、11時に朝食が部屋でとれます。ですから、24時間ルームサービスを入れたほうがいいと思いました。

渡辺　勝手気ままに過ごせるようにと。

星野　新しいサービスではなくて、今あるサービスを世界の水準に引き上げていくことをお客様は求めていました。温泉は好きだけれども、旅館のサービスは嫌いとおっしゃいます。それを聞いて、基本部分で世界水準に追いつくことをテーマにしました。従来の旅館にはなかった、24時間ルームサービスも導入しました。今日お召し上がりいただいたレストランで夕食をされる方は、宿泊している方の半分です。残りの半分の方は軽井沢町内のレストランに行っていらっしゃる。これは泊食分離料金体系。泊まる料金と食事の料金は別にしたからこそ可能なことです。そういう要望がすごく多かったですね。温泉旅館に行くと食事が必ずついてくるから2泊したくない。3泊しても、毎日違う料理をその日の自分の体調に合わせて、選べるように対応していくことが、『星のや軽井沢』には求められました。

暗さと明るさの陰影

渡辺　僕がもうひとつ驚いたのは、森の中なのに明かりを絞っている。部屋に行く道にわずかな行燈《あんどん》の明かりがあるだけで、懐中電灯がないと危ない。でも部屋に入ると洋間風で。そういうコンセプトもあなたが？

星野　これは担当してくれた建築家の東利《あずまり》恵《え》さんと、ランドスケープアーキテクトの長谷川浩己《ひろき》さん、このふたりが重要な役割を果たしてくださいました。今、東京にいらっしゃる方々の生活には、24時間のコンビニがある、家は洋風に変わってきている、冷暖房などで生活・ライフスタイルが変わってきました。温泉旅館も、不便だと思う部分はなくしていかなければいけません。部屋が少しモダンに見えているところは、現代のスタイルに合わせたところだと思います。

渡辺　たしかに生活は変わった。いつでもなんでも買えるようになったし、和室がない家も多くなっている。

星野　ただ、逆に旅館は非日常でなければいけないので、私たちのこだわりをきちんと提供しないといけません。そこで、暗さというものが大きなテーマになりました。東京は明るくなりすぎています。暗さの中に日本らしさがあるし、暗いとそれだけで昔を懐かしく思えます。暗いことに関しては最初多くのご指摘をいただきましたけれども、ここは私たちがとくにこだわった部分です。谷に囲まれていますから、街の光が入らない場所です。そこが私たちの敷地の特徴で、だからこそ〝谷の集落〟を表現できているのだと思っています。

渡辺　今の都会は、夜中でもこうこうと明るいから、そ

水が流れる森に囲まれた谷あいの集落。
路地が巡り宿泊棟の家屋が点在する

の逆を行こうと。

星野　そうです。谷崎潤一郎に『陰翳礼讃《いんえいらいさん》』という著書もあります。だから、和とは何かというときに、形が和だとか、デザインが和だとかということ以外に、暗さと明るさの陰影が、実はとても和を感じる部分だと考えています。

渡辺　そのランドスケープと建築、このふたりの間がぴったり合わないと難しいね。

星野　長谷川さん、東さん、そして私の3人は、10年間、侃々諤々《かんかんがくがく》と意見を交わしました。議論を超えていたというか、勝手なことをお互いにいい合いながら、少しずつ新しいものを見つけてきました。

渡辺　ところで、『星のや 軽井沢』で持っている総敷地面積はどれくらいですか。

星野　『星のや 軽井沢』の敷地全体で約7ヘクタールです。星野エリア全体の敷地は、28万坪（約90ヘクタール）あります。

渡辺　それは先代が持っていた土地ですか？

星野　そうです。初代です。１９０４年開業ですが、ここは電気もなく水もなく、道路もありませんでした。

渡辺　温泉旅館で、膨大な土地はそのまま眠っていたわけだ。

星野　この場所で『星野温泉ホテル』をやっていまして、今でも敷地に余裕はありますが、もともと建っているところを壊して、建て直しました。実際に２００３年にクローズして、2年間かけて工事をしています。

渡辺　完成が？

星野　２００５年。２００３年の夏が終わってすぐ着工しました。

渡辺　よく『星のや 軽井沢』って聞くようになったのは、ここ数年だよね。女の子たちの間では、軽井沢で泊まりたい憧れの旅館だって。だけど、『星のや 軽井沢』は高級だから、値段からすると、若い女の子は手が届かないかもしれないね。

星野　でも、食事の料金が含まれていませんから、ほかの高級温泉旅館に比べると安いんですよ。

渡辺　自分で食べ物は工夫すればいいと。

星野　旧軽銀座に行くのも方法ですし、近くのレストランで食べるのもいい。私たちの施設内で食べていただいてもけっこうです。ここの敷地内にも手頃な値段の定食屋があります。そこで食べていただければ、２０００円ぐらいで食べられます。そういう意味で、食事の料金を部屋と分けるのは、温泉旅館にとって、すごく大事ですね。

渡辺　部屋はどれくらいあるんですか。

星野　77室あります。

渡辺　ビルじゃないから少ないね。

星野　そうですね。コンセプトは〝もうひとつの日本、谷の集落〟です。その谷の集落の非日常感、それは景色としての非日常感と、それから文化としての非日常感です。日々スタッフが考えながら進めています。日が暮れると池に灯《とも》る水行燈もスタッフが考え出しました。非常に評判がいいサービスですね。池を幻想的にライティングできます。

渡辺　池というか、水が巧みに配置されている。

星野　ありがとうございます。

渡辺　小さい子どもがあまりいないのもいいね。

星野　小さなお子様にはキッズルームがありまして、そこでお預かりしています。大人がご夫婦での時間を楽しめるよう、食事やスパの際にお預けいただくことも多いです。サッとキッズルームにご案内するのがポイントです。

渡辺　新装後の人気はすごいんでしょう。

星野　やはり建物だとか庭だとかハードに注目していただくことが多いのですが、実際に泊まっていらっしゃる方は、リピーターの方が非常に多くて、50泊という方もいらっしゃいました。夏、２ヵ月まるまるのご滞在です。お話をうかがうと、食の選択の自由があるのが評判のいい理由でした。

渡辺　別荘の代わりという感じで使うんだろうね。しかも別荘だと自分で掃除したり、ガスを開けたり、皿洗ったりしなければいけないけど、別荘感覚で日常のつまらないことはしなくてすむ、これがいいのかもしれないね。

星野　そうですね。長期滞在されている方は何名かいらっしゃるんですが、その方々は別荘より安いっていう感覚ですね。

渡辺　たしかに、別荘は建てるときにけっこうなお金がかかるけど、実際にはほとんど使っていない。でも、年間、税金から管理費など、いろいろかかってくるからね。

星野　別荘を買うよりも、毎年、旅館やホテルを予約し

夜ともなれば、離れ家風客室前の水辺に配された行燈が、幻想的な風景を作り出す

敷地内の日本料理レストラン「嘉助」。ルームサービスもあり食事は自由に、が基本

爽やかな緑の中に点在する客室は、すべて離れ家風。多様な部屋タイプから選べる

たほうがトータルで安いとおっしゃる。面白い価値観ですが。

冬の軽井沢はロマンチック

渡辺　軽井沢というと、夏のイメージがあるけど。

星野　たしかに7、8、9月はお客様は多い時期ですが、新緑の春と紅葉の秋もたくさんいらっしゃいます。でも最近は冬のファンが増えています。真っ白な雪の軽井沢も雰囲気があっていいんですよ。

渡辺　冬はほとんど来たことがないけど、冬場は神秘的ですてきなんだね。

星野　冬にいらっしゃる方のほうが固定客の率が高いですね。年末年始を含めて、必ず軽井沢っていう方がいらっしゃいます。冬の魅力というとまず野鳥。野鳥ファンが来られます。森に餌《えさ》がないですから、餌場に寄ってきますし、木に葉がないですから、鳥が見やすい。もうひとつは、この神秘的な自然。これが好きだという方も多いです。避暑目的から変わってきています。雪の満月の夜、今日は懐中電灯がないと歩けませんが、真冬の満月の夜は、とても明るいですから、懐中電灯がなくても平気で歩けます。これがなんとも奇麗なんです。ぜひいらしてください。それから、薪《まき》ストーブ。暖をとるためのものから、自然を楽しむためのものに変わってきていると思います。

渡辺　薪の燃える火ね。あれに互いの顔が浮き上がるのも情緒がある。ここは女性が好みそうな要素がたくさんある。恋人のふたりには冬がおすすめかな。でも、ダイニングはオープンしてるの。

星野　はい。24時間ルームサービスもありますし、ここは宿泊者専用の敷地になっていますので、静かだと思います。

渡辺　家族連れや、やや高齢者のご夫婦もいるように思ったけど。

星野　高齢者の方は、こういうスタイルに対しても見方がふたつに分かれます。すごくいいとおっしゃっていただける方と、自分の場所ではないとおっしゃる方と。外を歩いていて、暗いというご意見が高齢者の方からはあります。山あいの谷の地形なので、私たちは階段とか段差に対して、ある程度容認していますが、段差に慣れていらっしゃらない方々からは不便だといわれます。

渡辺　嫌だっていう人の意見もちゃんと聞いているのは偉いね。

星野　なかなか難しいですけれどね（笑）。問題点はひとつずつ工夫していこうと思っていますが。

渡辺　褒《ほ》めてくれる人はいっぱいいるでしょう。

星野　「日本にもやっとこういうリゾートができましたか」といってくださるお客様が一番嬉しいです。ハードの部分よりも、やはりソフト部分の宿泊と食の分離、24時間ルームサービス、また、軽井沢町のいい景色のご案内や、私たちが行っても満足できるレストランなどを紹介するコンシェルジュサービスに対して、お褒めいただいています。それによっても、続けて宿泊していただけているようです。

渡辺　日本人は今までリゾート地に行っても、滞在の期間が短かった。

星野　そうです。でも、海外旅行のときはバリやハワイや、プーケットのリゾートに行くと、皆さん1週間ぐらい滞在されますが、国内のリゾート・観光地になると、急に短くなります。その差は、やはり魅力の差だと思います。別に海外に行きたいわけではなくて、海外のような場所が日本にないからという理由もあります。海外のようなサービス、海外のような非日常感。ここさえしっかり整えれば、日本人の方々も日本国内で1週間単位で滞在なさることが可能だと思っています。

渡辺　日本で満足できるのなら、近いのは魅力だから。でも、海外では一週間以上になると安くなるよ。

星野　だんだんそうなってくると思います。お客様の問題は、私たちの業界の問題ですから。

べにや無何有《むかゆう》——聖地に建つ宿

［石川県・山代温泉］

この宿には、春夏秋冬、毎日見ていても飽きない自然の趣がある。
新緑の緑も、盛夏の清水も、秋の紅葉も、白い雪におおわれる冬も
それぞれに見る者を憩わせ、慰める。
その一隅に突然出現した赤松に包まれた方林円庭《ほうりんえんてい》で
ヨガや密教の護摩《ごま》焚きなどが行われるのは、
ここが「薬師山《やくしやま》」と呼ばれる白山《はくさん》信仰の聖地だからだろうか。

女将 中《なか》道《みち》幸《さち》子《こ》×渡辺淳一

家に歴史、時代に必然

中道　まずは一献どうぞ。

渡辺　この献立表、女将さんが書いたの？

中道　献立は私が書きます。絵はあまり見ないでください。

渡辺　毎日、自分で食べて献立を確認しているのですか？

中道　献立を変えるときは必ず。

渡辺　それが大切ですね。ここの大女将は、あなたのお母さんですか。

中道　主人の母です。

渡辺　いいお嫁さんをもらったね。

中道　さあ、どうでしょうか（笑）。

渡辺　ここのお父さんは。

中道　先代は17年前に亡くなりました。

渡辺　この形態にしたのはあなたなの。

中道　はい、主人と私ですね。嫁いで22年になりますが、ずいぶん時間をかけて、少しずつこの形態に変えてきました。私、結婚前は小学校の教員をしていました。主人の母も旅館には出ていなかったので、私もそのまま教員を続けるつもりでしたが、結婚して3ヵ月ほどたった頃、旅館経営が危ういから立て直しを手伝ってほしいといわれ教員を退職することに。最初の7、8年は資金繰りに苦労しました。

渡辺　それが全国的に安定して知られるようになったのはいつ頃なの。

中道　10年くらいたってから徐々にです。93年に大浴場に檜《ひのき》の清々しい感じの露天風呂を作り、「こもれびの湯」と名づけました。当時は、まだ露天風呂は少なかったし、ああいうさわやかな感じのものはなかったので、ある旅行会社のパンフレットの表紙になってからですね。

渡辺　こういう和の空間を生かした旅館の成功は、アイディアにあったわけでしょ。

中道　93年の露天風呂に続いて、96年には、エントランスと露天風呂付きの和室4室を。98年には客室数6室の別棟を新築しました。２００1年、和洋室6室をリニューアルオープン。和室とベッドルームのあるスイートです。この時点で、客室数はさらに減って16室に。同時に図書室も作りました。そして、２００6年、特別室「若紫」とお寺のような瞑想空間「方林円庭」、スパ「円庭施術院」が完成して現在の形になりました。客室は、全室露天風呂付きで、好きなときに温泉が楽しめます。結局、20年くらいで、5回のリニューアルを行いました。それで、もとは典型的な中規模団体旅館だったのが、今は、客室17室の完全な個人客向けの宿に生まれ変わったわけです。資金がないので、徐々にやりましたから年月がかかりましたけど。

渡辺　資金がない人って、こういう贅沢な作り方はしないけどね。

中道　本当にびっくりするぐらいお金がなかったんです。だから、最初のリニューアルに取りかかるまでに、7、8年もかかりました。

渡辺　部屋の空間から、デザイン、インテリアまでいろいろなものに手をかけて、このままやると、ますます経営が悪くなると思わなかった？

中道　いいえ。

渡辺　それ、すごいな。

中道　全然思わなかったんです。絶対良くなると思ってましたし、実際、リニューアルをするたびに評価が上がっていきましたから。

渡辺　多分ひとり4、5万円はするだろうけど、この設備とサービスならば当然だと思う。やっぱり、時代と合ったのかな。

中道　時代に合った形を少し先取りできたんですね。早い時期に個人のお客様に特化できましたから。全室に露天風呂を付けたのも、『べにや無何有《むかゆう》』が一番初めだったと思います。

渡辺　全国のいろいろな旅館を見てきたけど、和風のユニークなものが広まりだしたのは、時代の傾向かな。

中道　そうですね。今の時代は日常が刺激的ですから、逆に非日常に求めるのは、自然とか和の感性とか、ほっと安心できる懐かしい感じじゃないですか？

渡辺　和風の豊かな空間へ、一部の人々の嗜好《しこう》が変わる時期だったのかな。この一帯は温泉がたくさんあるけれど、『べにや無何有』タイプはないね。

中道　そうですね。

渡辺　やっぱり特殊性がいろいろな場面でマスコミに紹介された。特徴がはっきりしていると女性誌や一般紙も取り上げやすいから。

露天風呂「こもれびの湯」でゆったりくつろいだ後は、
スパ「円庭施術院」で薬草玉を使ったトリートメントを受けるのもいい

景色の気配を取り込む

渡辺　ところでこういう形の旅館を作りたいと思ったきっかけは何かな。

中道　それは宿の中心である自然の山庭です。楓《かえで》や赤松、椿《つばき》や山桜とか、大きな木がいっぱい生い茂っていて生命力にあふれているんです。敷地は、先代、先々代がすべてを注ぎ込んで手に入れたものですし。

渡辺　先祖の熱い思いもあるんだね。

中道　そうです。その庭の景色が、すーっと中に入り込んでくるような、開放的な気持ちの良い宿にしたいなと。外でも内でもない縁側みたいな感覚で庭の気配を感じながら過ごせたらと。日本の自然は美しいいし、優しいですよね。新緑の頃なんか、山庭から木漏れ日が洪水のように流れ込んでくるとびっくりするくらい奇麗です。この山庭があったから、その風景を取り込んだ別荘のような旅館を作りたいと思ったんです。

渡辺　団体客が個人客に変わった。

中道　そうです。たしかに山代のよその旅館は、団体客で当時はすごく賑《にぎ》わっていました。大阪や名古屋をはじめ全国からバスでいらして、加賀温泉で一晩騒いで帰るというパターンが多かったですね。社員旅行とか。うちは完全に落ちこぼれていましたけど。流行《はや》っている大型旅館は、設備も豪華で華やかでしたよ。今は宴会客中心の温泉地は苦戦してますけれどね。

渡辺　閉じていった旅館が、たとえば熱海にもいっぱいある。時代の変化って大きいね。

中道　そうですね。

渡辺　お客さんは東京の人が多いのかな。

中道　どちらかというと関西の方が多いですね。JR(西日本）のサンダーバードに乗ると京都から2時間かからないで来られますから便利です。

渡辺　外国人のお客さんがいたけど、ああいう人はどういうルートで予約して来るの。

中道　インターネットをご覧になって。今日のお客様はハネムーンで、イタリアのミラノからです。いいでしょ(笑)。日本は初めてですって。ハネムーンや誕生日、アニバーサリーで来てくださる方が多いので嬉しいです。逆に責任も重いですけどね。

渡辺　そうか。インターネットで調べて来るんだ。

方林円庭にて、女将の中道幸子さんと

中道　「ジャパン」とか「金沢」とか「旅館」のキーワードで検索すると出てきます。外国のお客様をおもてなしするのも楽しいです。

渡辺　女性同士が来たいなって思う感じだね。カップルも若い人が多いでしょう。

中道　多いですね。ハネムーンの方もけっこうお見えになります。

渡辺　老夫婦は来ますか？

中道　かなりいらっしゃいます。今日は、『べにや無何有』の食事が楽しみとおっしゃって、今回で8回目という年配のおふたりもお見えです。

渡辺　恵まれた老夫婦だね（笑）。

中道　還暦をはじめ、喜寿や傘寿のお祝いの方も多いんですよ。

無何有――からっぽの中の豊かさ

渡辺　無から有。無何有、これはあなたが考えたの？

中道　建築家の竹山聖《たけやませい》さんが考えてくれました。「無何有」は荘子が好んだ言葉で、からっぽの中の豊かさ、と

客室は全17室。和室タイプには月見台（テラス）があり、ハンモックが取り付けられる部屋も。
気持ちのいい山庭に面し源泉露天風呂まで付いている

四季折々、薬師山の自然に包まれるシンプルで清々しいロビー

美食の都、加賀ならではの和懐石も出色。スペシャリテも試してみたい

いうようなことです。「無何有」と聞いて、一瞬でそれがいいと思いました。

渡辺　もともとは「べにや」さん？

中道　「べにや」は屋号で初代から続いています。先代のときは「べにや永楽」。永楽和全《えいらくわぜん》の窯跡《かまあと》が庭から見つかったので。前田藩が九谷焼の再興のために、江戸末期に加賀大聖寺《だいしょうじ》藩に招かれて、土とか赤絵の指導を行っていたそうです。窯跡の近くに作った三畳の茶室は今でも「永楽庵」と呼んでいます。

渡辺　茶室もあるんだね。「和モダン」というと変な言葉だけど、いわゆる昔からの和風とは違い、今の感覚を入れた「和」なんだろうね。

中道　そうですね。「和モダン」という言葉は私もよくわかりませんが。私の中では『無何有』は「和」なんですね。日本人ならではの繊細な感覚を大事にしているつもりです。簡素さを好むとか、自然にかなう美はないという感性は、ずっと私たちにも受け継がれてきているわけですから。私自身、木漏れ日が揺らぐ感じとか、日本の樹木とか花とかが好きで、ほっと安心するんです。感覚的ですが、そういう意味で『無何有』は「和」なんです。

渡辺　たとえば掛け軸があって、花が活けてあるような旅館とは違うね。

中道　掛け軸は、どの部屋にも掛けていなくて、こういう柿渋染めの和紙を貼った床の間に、野の花を活けてるだけなんです。

渡辺　伝統的な和じゃない。

中道　そうですね。床の間を中心に完成された空間を作り上げる様式ではなくて、床の間には、外と内をつなぐような野の花を活けるだけ。それが『無何有』スタイルです。

渡辺　いわゆる和の要素はあまりない。かといってモダンではない。

中道　外から風や木漏れ日が訪れてくれて、初めて完結するような感じですね。

渡辺　新しい時代のニーズかもしれないね。

中道　毎日、『無何有』で春夏秋冬を感じていますが、いつも新鮮です。新緑も、夏の陰影も、秋の紅葉も、雪が積もってもいいです。何といっても『無何有』の中心はこの山庭ですから。

渡辺　何より環境を生かしていると。

宿泊は、洋室、和室、和洋室、特別室などさまざまなタイプの中から選べる

中道　そうですね。また、『無何有』は白山信仰の聖地「薬師山」という特別な場所に建っています。2005年にそれまでクローズしていた団体旅館時代の宴会場を解体したところ、待っていたように立派な赤松が真正面に現れたんです。素晴らしい薬師山の眺めでした。1000年以上前から、ここでは薬王院温泉寺の僧たちが修行や学問に励むと同時に温泉の施浴と薬草の調合などで人々を救っていたそうです。その歴史を再現したいと思い、何かに導かれているような思いで「方林円庭」を作りました。今、スパ「円庭施術院」で、温泉と薬草を使ったトリートメントを受けたお客様には、『無何有』で護摩木をプレゼントし、願い事を書いてもらっています。そして、その護摩木を温泉寺に持っていってご祈禱《きとう》していただきますが、寺のご長老も喜んでくださっています。「方林円庭」の広大な空間は、普通ならレストランとか客室にするべきなんでしょうが、そうしないで、お寺のような場所にして、朝早くからヨガをしたり、お客様に護摩木を配ってみたり。でも、これは、私の考えだけじゃないんです。薬師山の赤松の、その地力に制されてしまったんです（笑）。

別邸 音信《おとずれ》——宇宙をつかんだ広さと強さ

［山口県・湯本温泉］

とくに気をつけなければただの山と川、草木。
何の変哲もない田舎の風景だが、よく見ると
山も川も空もすべてこの地になじみ、息づいている。
さらに五感を澄ませると、落ち着いた清楚な佇《たたず》まいの中に華やぎが潜んでいる。
まさしく、ここは創業者の一見穏やかな、しかし、その中に広大な宇宙を
包み込みたい、という気迫と強さが秘められているようである。

社長 大《おお》谷《たに》峰《みね》一《いち》・女将 大《おお》谷《たに》徳《のり》子《こ》・常務 大《おお》谷《たに》和《かず》弘《ひろ》×渡辺淳

来て見てわかる素晴らしさ

渡辺　ずっと、こちらにいらっしゃるんですか。
社長　山口県（長門《ながと》市）の出でございます。
渡辺　『別邸 音信《おとずれ》』は何室あるの。
社長　収容数自体はそれほど大きな旅館ではありません。18室ですので、全国的に見れば、中の上ぐらいの規模です。
渡辺　それほど大きくないのがいいね。お茶をいただいて、ライブラリーなど見て、部屋に入ったけど、なかなか贅沢な作りですね。
常務　近くに大寧寺《たいねいじ》という曹洞宗のお寺がございます。こちらの湯本温泉は、その名刹《めいさつ》大寧寺に大変縁のある温泉地で、寺とともに発展してまいりました。最近は体に優しいものがお客様に求められております。旅館の独自性とか地域性を示せる面白い企画はないものかと考え、大寧寺で月に一度出す精進料理を参考に、『音信』風にアレンジしてお出ししています。典座《てんざ》料理といいます。
社長　禅宗では、食事を担当するお坊さんたちのことを典座といいます。前菜と考えていただければいいと思います。
渡辺　じゃあ、いただきます。最近いろいろ旅館やホテルを訪ねているので、事前にパンフレットとか案内書を見ますが、『別邸 音信』は来て、実際に休んでみて、初めて素晴らしいとわかるところですね。
社長　ありがとうございます。
渡辺　たしかにパンフレットでは表現できないよね。玄関を入ってすぐの水の庭のロマンチックな佇まいとか、落ち着いた待合室もよく考えられていて。これ、「おとずれ」と読むのは難しいだろうね。
社長　そうですね。
渡辺　ルビでも振ってあるといいけど。
社長　この前の川が「音信川《おんしんがわ》」と書いてあるのですが、それを昔から「おとずれ川」と呼んでいまして、その名前を取りました。
渡辺　誰が付けたの？
女将　昔、湯女《ゆな》が旅人に恋をしまして、叶わぬ思いのたけを恋文（おとずれ）につづり、「川の流れよ、この気持ちをどうぞあの人に届けておくれ」と橋の上から竹筒に入れて流したといういい伝えがありまして、「どうぞまた、おとずれてください」という思いから名前が付いたんです。

渡辺　じゃあ相当古くからあったんですね、こういう名前が。

社長　大寧寺というお寺が１４１０年に開山しました。２０１０年が開創６００年にあたります。伝説もそうとう昔からあるものです。

渡辺　この辺りは、雪は降らないのですか。

社長　まれです。この冬も１回ちょっと積もりましたが、ほとんど積もらないですね。

女将　積もったら、とても幻想的な景色になるんですよ。なかには、お部屋の掘りごたつに座られて、一晩中ずっと外の景色を眺めておられた方もいらっしゃいます。

渡辺　どの部屋にもみんな露天風呂があるのですか？

常務　はい。すべての部屋に露天風呂が備え付けられています。

渡辺　露天風呂に木の葉が落ちてくると、風情があるよね。田舎で非常にセンスのある自然空間を生み出しているところはあまりない。ただ東京からちょっと不便なのがもったいないな。ずいぶんお金がかかっている感じがするなあ、この旅館。大変でしょうね。

社長　まあちょっと変わった旅館ではあると思います。旅館にレストランが４つあります。最近、とくにご高齢の方が多いものですから、やっぱりテーブルがいいとか、掘りごたつがいいとかおっしゃいます。それで比較的早く対応しました。

渡辺　和洋の両方のいいところを取り入れていて、いいね。純粋な和の部屋は、僕は実は苦手。ちょっと横になりたくてもできないから。

社長　そこは難しいところですね。

時代に順応、さらに先を希求するのは

渡辺　でも個人客中心に切り替えるのって難しかったろうなあ。団体だと一気に来てね、まとまって帰るからいろいろの面で楽でしょう。

社長　今はご到着の時間も早いし、出発されるほうもゆっくりです。すべてバラバラですから、やっぱり大変ですね。だけど今の時代の流れですから、順応しないといけません。ゴルフをされる方もありますし、青海島《おうみじま》のせ

ゆったりと配された贅沢な客室は、わずか18室。露天風呂付きのメゾネット

りを見に行かれる方もあり、さまざまです。今、大寧寺で朝、座禅を組む。そういった新しいことを考えて提案しています。

渡辺　僕、入ってすぐの、かなり広めの静かな池に魚がいないのがよかった。かわりに落ち葉が浮いていて。あそこに鯉なんて泳いでいたらうんざりする。ただの俗になっちゃうよね。

社長　ありがとうございます。とにかくシンプルにしたかったものですから。昔の湯治に今は帰っています。それを現代風にした感じです。

渡辺　これからまだ新しくやってみよう、というアイディアをお持ちですか。

社長　私は今までやりすぎるぐらいやったので、もう終わりです。これからは息子の時代です。

常務　そういうだけです(笑)。

社長　これからは大きくする時代ではありません。できれば小さくしたいぐらいで。旅館も装置産業で、設備がどんどん老朽化していくと、改修が間に合わないぐらいです。どんどんご自宅の建物が良くなっていきますから、常に比較されます。家庭にない違う非日常の良さを提案

女将の大谷徳子さんと。風渡るオープンエアーのロビーにて

していかなければ家のほうがいいということにもなりかねません。
渡辺　なんだかんだいっても、自営業はやりがいがあるでしょう。すべて自分の店のために考え、あらゆる努力を尽くす。そこがサラリーマンとは違う。
社長　生みの苦しさはありますが（笑）。
渡辺　大変だけど素晴らしい。

女性のグループ旅行、男性のひとり旅

渡辺　京都に行くと、桜や紅葉の時期は老夫婦がいっぱい来ているね。食堂での朝食は老夫婦ばかり。老夫婦の特徴はというと、黙々と食べて会話がゼロ。しゃべることないんですよ、もう。でも旅行しようという気はある。とくに男が行けばね。回を重ねるうちに、奥さんが嫌だっていいだして。奥さんは奥さん同士で行き始める。
常務　先生、そのとおりですよ。女性のグループのお客様が多いこともさることながら、男性のひとり旅がここ1年半ぐらい増えています。
渡辺　男ってグループが組めない。会社関係ならいいけ

れど、65歳ぐらいになって、フリーになると友達同士で行こうなんて考えはゼロだから。こもっている人も多い。引き出さないとね。

社長　どういう形でそれをやるかですね。

渡辺　「男ひとり旅」ブームのプランを作ると、乗りやすくはなるけど。

社長　それいいですね、男のひとり旅。私ら、ひとり旅は最高に憧れます。誰からも制約されないし、自由にできるから。

渡辺　年を取ると自力で行けないんだよ。どこでも行きたいなんていいつつ、実は不安で行けない。

女将　それはよくわかります。お客様を見ていても、こちらのご主人様、昔はきっと亭主関白だったのかなと想像するのですが、今では奥様がさっさとご主人様の手を引いていらっしゃる。やっぱり男性のほうが弱いのかなって（笑）。

渡辺　男のほうが本来弱く作られている。だから、どこかで甘えて生きたいんだよ。多少お金がかかってもいいと。おれのプライドと甘えを両方満たしてくれるツアーはないか、って。

社長　これだけお客様のニーズや価値観が変わってきますと、我々も対応するのに必死です。しかもジャストフィットするのは、大変です。

渡辺　ともかく、知恵を絞って新しいアイディアで頑張ってください。

第三章　歴史に彩られたクラシックな宿

銀鱗荘《ぎんりんそう》——道楽を尽くした鰊《にしん》御殿が旅館に

［北海道・小樽］

かつて鰊漁業者は、「1年を1ヵ月で過ごすいい男」と羨《うらや》ましがられたが、今、北海道から鰊は去り、その面影はない。

しかし最盛時、金に飽かせて豪奢《ごうしゃ》をきわめた鰊御殿はそのまま残されてきた。鰊成金は幻でなく、現実にあった事実なのだ、と知ることができる。

ここに目をつけたオーナーの木村さんは、この宿に泊まり海を眺めていると今にも群来《くき》が寄せてくるような錯覚にとらわれるという。

オーナー
木《き》村《むら》襄《じょう》司《じ》×渡辺淳一

古きよき時代が見える

渡辺　いやあ、ここ『銀鱗荘《ぎんりんそう》』まで来たかいがありました。外観は重厚な瓦葺《かわらぶき》の建物で、また眺望が素晴らしい。それにしても、ここをまたどうして。

木村　昭和60年、こちらに住んでいる知人が「小樽《おたる》に大変景色のいい鰊御殿の売り物が出ているけど、買いませんか?」っていうわけですよ。岬の先端で、景色は素晴らしいが、建物はボロだと。景色がいいなら買ったらいいじゃないかって、安かったから一度も見ずに買ったんです。来たらまあボロボロでびっくりしましてね。温泉もなければ何もない。建物も本館と蔵のふたつだけで、部屋にトイレもないし、とてもまともな旅館としては使えない状態でした。北海道の旅館だったら温泉がなくちゃしょうがないというので、翌年に温泉を掘り、ひとつ何十トンという石を北海道中から集めて組み込んで露天風呂を作りました。

渡辺　今、入ってきましたよ。実に気持ちいいですね。小樽の港から日本海が見渡せて。夕暮れ時で奇麗だった。

木村　それはよかったです。

渡辺　当時から『銀鱗荘』と呼ばれていたんですか。

木村　『銀鱗荘』という名前は、昭和14年に前の持ち主、当時の北海道庁長官の石黒英彦《いしぐろひでひこ》さんの命名です。もともと明治6年に鰊の大網元《あみもと》、越後出身の猪股安之丞《いのまたやすのじょう》が余市《よいち》に邸宅として建てた建物を、昭和13年から14年にかけて現在の場所に移築して、その年から『割烹旅館・銀鱗荘』として営業していたと聞いています。

渡辺　相当の投資をされた。

木村　買い値の何十倍も。もともと素人で、こういうことをやったことがないですから、気持ちのいいことをしないと気に入りません。自分が納得いくように、何から何まで見て、いちいちこれにしよう、あれにしようと全部やりました。非日常的な世界を作ろうということですから。お客様がいらして、本当によかったと思ってお帰りいただければ、それで満足です。

渡辺　じゃあ、新館もできて、今の形になったのはいつですか。

木村　最終的には2008年。本館の玄関から全部やり替えました。すべて無垢《むく》材を使い、中庭も奇麗にしました。ちょうどその頃、耐震強度の問題が世間で騒がれていた時期で、調べさせましたら、補強したほうがいいと。玄関から広間を挟んでグリルまでは、おそらく明治時代からのものですが、ほかは昭和14年に移築したときに建てられたものだと思います。建物はお神楽《かぐら》（平屋に後から継ぎ足した2階）で通し柱がなかったんですよ。これじゃあ困るというので、全部はがして、吉野の檜《ひのき》八寸角の通し柱を7本買って、入れ直しました。それが一番最後の手直しです。

渡辺　大変な作業ですね。グリルには、古い梁《はり》がいっぱいあるじゃないですか。

木村　あそこは鰊の網、魚網をしまっておく倉庫だったんです。改装して、下をフレンチのレストラン、上をバースペースにしました。

渡辺　小樽に古くからある「海陽亭《かいようてい》」も海際で広いお座敷があって、すてきだけど、こちらはさらに温泉もある。

木村　非常に温泉の質がよくて、泉質はナトリウム硫酸塩泉で、とくに腰痛の方には効能大なんだそうです。札幌在住の温泉博士、松田忠徳《ただのり》さんに高評価をいただきました。

渡辺　眺望が南国風で柔らかい。やっぱり屈斜路《くっしゃろ》とか阿寒《あかん》では、この眺望は見られない。景色のよさは、ちょっとないぐらい素晴らしい。さすがにこればかりは、来てみないとわからないね。

木村　とくに景色は、皆さんに気に入っていただいています。

渡辺　もう少し東京のほうに宣伝しなくては。

木村　そうですね。

渡辺　今度、エッセイにでも書いておきますよ。

木村　ぜひ、お願いします。旅館業はやったことがなかったので、料金の設定もわかりません。お盆やお正月、ゴールデンウィークとかは高くして、それでシーズン外れのときは安くしている。

渡辺　とくに北海道はね。

木村　どうも私は、それが納得いかないんですよ。同じ部屋で同じ料理をお出しする以上は、やっぱり同じ料金をいただくべきじゃないかと。

渡辺　でもそれは考えようで。

木村　気分的に嫌なんです。混むからお安くするというなら、まだいいですけど。たしかにゴールデンウィークやお盆は、真っ先に部屋が埋まります。だからといって

小樽湾を雄大に見下ろす５階、新館特別室「鶴」。ワンフロアー１室の贅沢さ

値段を上げるのは、失礼な気がして。

渡辺　じゃあ、お客さんの少ない冬は下げるとか。

木村　1月のお正月過ぎから4月の半ばまでは、クローズしています。

渡辺　でも僕はね、北海道の冬の日本海って荒々しくて、雪の断崖絶壁のある景色もそれはそれで、すてきだと思う。

木村　ものすごく寒さが厳しいです。もう寒くて寒くて、ストーブを焚《た》いたって何をしたって、とてもじゃないけどいられない。ですから毎年4月中旬にオープンし、10月10日頃、お正月過ぎに閉めています。

渡辺　ゴルフ場と同じですね。

木村　北海道のゴルフ場はだいたいそうですね。雪が積もれば、雪解けの春先までクローズします。

渡辺　しかし、壮大な道楽ですね。

木村　道楽でも、美術館を建てて何百億の美術品を買うのに比べれば、規模がぜんぜん違います。別荘を持ったと思えば。

渡辺　やはり、オーナーじゃないとできませんね。

木村　静岡県で親しくしているあるゴルフ場オーナーは、毎年自分がオーナーの日本平《にほんだいら》のホテルで、1万発も花火を上げます。大変な持ち出しですよ。景気が悪くなったからって、今さらやめられないと、毎年続けてます。少しは、そういうことをする人もいないと、日本は何かギスギスお金もうけばかりで、それで採算が悪くなるとすぐにやめたり、売ったりする。少しは気持ちのいいことをやるのもいいんじゃないかなと思っています。

渡辺　『銀鱗荘』っていう名前は知っていたけど、実際には泊まれないと思っていたんです。

木村　昔はひどかったですから、できることはホスピタリティしかないっていうことで、徹底的によくするようにしました。今、お客様から素晴らしいという評判をいただいています。施設をある程度整えないと、それ以外に生きる道がなかったですから。

渡辺　仲居さんや従業員の皆さんも、とても感じがいい。サービスがよくて、立地条件もよくて、建物のいろいろなところに、古きよき時代の遺産が残されていて、みな納得すると思いますね。それから小樽はまた、海産物はもちろん、野菜もおいしいから。

木村　そうですね。ですから、お出しする料理は小樽の食材を使っています。

渡辺　今、北海道は、全体的には地盤沈下して不景気だから、こういう旅館を魅力的に宣伝して、道外の客を呼んでほしいね。

木村　新館を建てたときは、地元の建築会社にお願いしましたが、そこの営業課長が、北海道の人が食事で気にするのは、一番最初が値段、その次がボリュームで、3番目に味だというんです。

渡辺　北海道は素材がいいから、あまり料理が発達しなかったところです。新鮮なものがたくさんあって、素材だけで充分だった。下手に料理するとかえってまずくなる。

木村　素材を生かして、あまり手をかけずに、おいしく食べさせるのが料理人の腕です。

鰊で一獲千金

渡辺　『銀鱗荘』は、もっと鰊漁の歴史を表に出したらいいんじゃないかと思うんです。昔の鰊漁がどれほど一獲千金だったのか、これだけの御殿を作った鰊長者というのは、いかに豪勢だったのか。僕の親戚に、塩谷《しおや》（小樽市）の網元がいましてね。その頃のことを一度、小説に書こうかと思って調べたことがあるんです。すごかった。ソーラン節って、漁師を夜通し眠らせないための歌なんですよ。鰊が来たら、青い海が一気に乳白色に変わって、夜通し、ひたすら鰊を獲り続ける。漁師が寝てしまうと獲りそこなうから、それで歌を作った。歌わせておけば寝ないからね。

木村　『銀鱗荘』に望楼（遠くを見渡すためのやぐら）がありますが、当時はそこにのぼって、鰊が押し寄せてくる様を見ていたんでしょうね。望楼は、釘1本使わずに、強風に耐えられる工夫がされているんですよ。

渡辺　そういう、隆盛を極めた一獲千金の歴史が現実にあった。かつて、日本にそういうものがあったという話はいろいろな人をわくわくさせるから、写真と一緒にわかりやすく、ぜひ紹介してほしいね。この豊かな鰊漁の話を紹介しないと「銀鱗」という意味がわからない。

木村　そうですね。豊漁を祈った二間半の大神棚が、正面玄関の右の大広間にあって、これも『銀鱗荘』を象徴するものです。

料理旅館としても名を馳せる。北海道の海の幸の豊富さ、新鮮さには舌をまく

目にも鮮やかな、キンキの煮付けも、本場ならではのおいしさ

かつて鰊御殿と呼ばれた建物には、
豊漁と無事を祈る荘厳な大神棚も残されて

渡辺　大漁を祈り、きっとたくさん獲れるたびにお供え物が増えたんだろうね。鰊が岸に押し寄せてきたとき、浜辺のあちこちに鰊が拡がっていたというから、相当なものだった。僕が小学生の頃なんかも、浜辺に行くと鰊をスコップでバケツに入れてくれたものです。昔の鰊はうまかったなあ。脂がのっていて、七輪で焼くと火が燃え上がってね。それに比べて今の鰊は、脂がなくておいしくないのが多い。

木村　夕食に名物の鰊の蒲焼《かばや》きをお出ししていますので、ぜひ召し上がってください。ここのはおいしいですよ。

渡辺　そう、ここは料理もうまいね。雲丹《うに》から始まって、先付けにお刺身、毛蟹《けがに》、タラバ、鰊の照り焼き、キンキの煮つけ……。

木村　まだこの後に、焼きアワビ、じゃがいも（キタアカリ）、いくらご飯に夕張メロンと続きます。北海道の料理はボリュームがありますから、どうぞ食べすぎないように（笑）。

渡辺　それにしても、こんなにたくさん蟹を出すところはないね。キンキも1匹まるごとの煮つけが出る。量は多いけど、素のものばかりだから全部食べてもお腹にこたえない。景色だけじゃなくて、料理も満足するね。

木村　ありがとうございます。

渡辺　ところで『銀鱗荘』は、食事だけというというのもできるんですか。

木村　グリルは、宿泊以外の方でもご利用いただけます。2000～3000円のランチセットが人気です。もちろん夕食も営業していますし、日によっては、お風呂付き食事プランというのもあります。料亭のお料理ですので、食事だけでもけっこう値段がはってしまいますけど。

渡辺　小樽だと、雲丹とか蟹といった日本料理のイメージが強いけれど。

木村　北海道というところは、フレンチの需要が少ないんですね。でも素材もいいし、ここのフレンチのシェフは北海道ではピカイチで、割烹旅館のグリルで腕を振ってもらっています。

渡辺　たしかにフランス料理は札幌にもあまりないね。今度来たときは、いただこう。

木村　やっぱり先生、オーナーが自分で食べて、これはうまい、これは駄目だといってこだわって料理を出すのと、人まかせにするのとでは、全然違います。

渡辺　そうそう。オーナーが自分で泊まって、客と同じように部屋やお風呂を使ってみて、料理も食べて、何がよくて何が悪いのか、どこが不便なのか、自分で体験しないと、なかなかわからない。意外に、こういうことをやっているオーナーは少ないと思う。お風呂のタオルの厚さややわらかさ加減とか、浴衣のなじみ具合とか、布団や枕の寝心地とか。すみずみまで気配りがありますね。

木村　全部、私が自分でいいと思うものにしました。浴衣の糸も細いものを使って、肌触りのいいものにして、糊《のり》もつけないほうが、しっくりいくんです。タオルも、片面がガーゼで片面がパイルになっているものにしました。これも、気に入ってくださる方が多いんですよ。

渡辺　浴衣の帯もぴたっとなじんでね。枕も、最初からそば殻のものを置いてあるところは少ない。

木村　たとえば、はし置きも特注で作っているんです。『銀鱗荘』の象徴でもある望楼の絵をつけて。そういう小さなことまで全部、個人主義でやってます。

渡辺　オーナーが自ら来て、オーナーが部屋から眺めて、オーナーが食事をして、これがいいっていうものを出している、ということは素晴らしいことだね。

日光金谷《かなや》ホテル――江戸の華麗、明治のモダン

［栃木県・日光］

東照宮の楽師であった金谷善一郎《ぜんいちろう》が最初に会った外国人がローマ字のヘボン博士だったことは幸運だった。

日本文化に惹かれていたヘボン博士と西洋の異文化への興味と好奇心であふれていた善一郎。

今まで知らなかった文化に接する両者の喜びから『金谷ホテル』が始まった。

善一郎の三人の息子のうち、長男・真一が金谷ホテルを継ぎ、次男・正造が箱根の『富士屋ホテル』の山口家に養子に行き、ここから日本のホテルの歴史は始まった。

ことに『日光金谷ホテル』は、明治の情熱を感じさせるホテルである。

統括本部長

井《いの》上《うえ》槇《まき》子《こ》×渡辺淳一

古いから価値がある

渡辺　井上さんは、創業者の金谷さんの血縁で？

井上　私は創業者の金谷善一郎の曾孫になります。次に継いだのは私の祖父、真一でございますが、子どもは女ふたりしかおりませんでしたので、父、正夫は母のところに井上から養子でまいりまして、社長に就任しました。そのあとを兄、太郎が継ぎました。私は金谷ホテルに帰ってくるとは思ってもいなくて、ほかのことをやっておりましたが、突然こちらに帰り5代目になりました。

渡辺　じゃあ金谷さんの血筋というのは、今は井上さんおひとりですか？

井上　そうです。それまで金谷一族だけが株主でしたが、3年前、新しい体制になって、私が続けてやっていくことが足利銀行のご意向だったものですから、社長を退任しましたが現在の職についております。社長には『富士屋ホテル』でかつて副社長をしていた秋山剛康《たかやす》氏にお願いをしていらしていただきました。

渡辺　そうですか。今も『富士屋ホテル』とつながりがあるんですか。

井上　もう退職なさって、悠々としていらした秋山さんに来ていただいたので、『富士屋ホテル』とは関係はございません。

渡辺　東京では、『金谷ホテル』は憧れのホテル。何といっても日本で最初のホテルだから。

井上　日光には二社一寺があって、その中で日光の人たちは暮らしておりますが、外資の方が入ってこられることになったら申し訳ない。みんなで守ろうと考えました。

渡辺　東京からだと地理的には箱根のほうが便利かな。でも日光は電車の便がいいから。

井上　そうですね。この頃は新宿と池袋から、東武とJRが合同で電車を出していただけるようになりました。

渡辺　創業明治6（1873）年ということは、何年になるのかな。

井上　138年になります。今でも創業の家は「カッテージイン」という名前で現存しています。

渡辺　古いものを維持していくのは大変でしょうね。文化財とか、国指定の何かになっているんですか。

井上　登録有形文化財です。ですから、床もギシギシいってちょっと傾いているグです。ですから、床もギシギシいってちょっと傾いています。

渡辺　天井も当時のままですか。

井上　はい。格間絵《ごうまえ》というもので、東照宮に来られていた職人さんが描かれたと聞いております。

渡辺　華やかな、楽しい絵ですね。

井上　誰が描いたとか、そういうものではないんです。それがまたいいと思います。私がこちらに来まして、家の中にある蔵を開けたところ、その中から戦後、米国の接収のときに壊されては嫌だとしまってあった食器と一緒にレシピがたくさん出てきました。で、その料理を作ろうということになりました。メリケン粉も何もかも、その当時とはずいぶん違いますが。百年カレーというカレーを作りました。昔のカレーは私しか食べたことがないので総料理長と苦労いたしました。食器も全部出して当時のものを使っています。今の社員たちに、昔の人が守ってくれたことを伝えて、これからも守って残していってもらいたいという思いを込め、昔のことを復活しております。『金谷ホテル』は「日本で最初のホテル」で売ろうと思います。

渡辺　「ここは金谷だ」「金谷はこれだ」って押しつけたほうがいいですよ。そのほうがお客さんも納得してくれるでしょう。今風は東京でいっぱいやっているから。

井上　こんな田舎で、安く働いてくれる社員たちに、都会ではできないことができるという何かを与えていきたいと、いろいろなことを試しております。

渡辺　せっかく『金谷ホテル』まで来たのだから、金谷独自のものがあったほうがいい。とんでもない古いものを食べさせられるとか、見たことがないものを見られたとか。そうすると、訪れた人は「金谷ホテルに行った」という気持ちを抱いて帰れる。

井上　先生にそういっていただければ、心強くなります。ありがとうございます。

昔の日本を感じるホテル

渡辺　火事や雷は大変ですね。

井上　もう大変です。『金谷ホテル』の変わり目のときに、3ヵ月お休みさせていただいて、全部、耐震にいたしました。

渡辺　この辺り、地震はありますか？

見晴らしのいい、クラシックで落ち着くコーナーツインの部屋

井上　あります。土地の人は、ここ上鉢石《かみはついし》っていうところは岩盤の上に建っているから地震は大丈夫っていいますけど、そうはいっても。

渡辺　今は、お部屋は全部で80ぐらいあるんですか。

井上　使えるのは70室ぐらいです。

渡辺　別館が何室ですか。

井上　別館が24室でございますね。古いのですが新館、それと第2新館がございます。

渡辺　別館はエレベーターがないんですね。

井上　ないんです。本館は今回改築いたしましたときにエレベーターが付きました。木造ですから、とても心配でしたが、うまくやっていただきました。

渡辺　僕の部屋にスチーム管が通っていたけど、あれは作動している？

井上　全部動いています。

渡辺　これ、朝方入ると、かたかたと音がするでしょう。

井上　それが、ボイラーを新しくして奇麗になったらすごい音で。でも、スチームが入ってくるとき特有のあのカンカンカンって懐かしいですよね。

渡辺　実際に今、作動しているホテルはほとんどないん

登録有形文化財の３階建て本館。明治26年開業時の木造２階建てを
昭和11年に改造。３階には17室がある

じゃないですか？

井上　『奈良ホテル』も、そのまま使っておられるっておっしゃっていました。

渡辺　たしかに。この前、行きました。

井上　どこかひとつ直すと、古いところがダメになったり、人間の体みたいですね。

渡辺　いやあ、古いのを維持するの、一番お金がかかりますよ。

井上　だからといって新しいものにしたのでは、何の意味もないですからね、どうしても残したいと思うんです。

渡辺　それは手間暇かかりますね。百何歳の人の健康を保つのと同じだから。

井上　長くホテルをやっていますと、ご自分がお子様のときに泊まられた部屋に、お孫さんをお連れになって、必ずお正月にお泊まりになる方がおられます。

渡辺　そうして、好みと雰囲気を伝えていくんですね。

井上　でも、1週間とか長く滞在してお過ごしになる方は少なくなりました。懐かしいっていらしてくださる方が多くなりまして。

渡辺　その懐かしいっていう人がいなくなって、珍しいってことになっていく（笑）。

井上　今は皆様、ご自分のおうちが豪華になりましたでしょ。ですから、お金を払って何もなかったら本当に難しいです。外国の方にはミシミシする床がいいとか、古いことを非常に喜んでいただいてますが。

渡辺　日本人と外国人の比率はどのくらい？

井上　昔はほとんど外国人でしたけれども、この頃また少しずつ戻ってこられまして、平均すれば外国からのお客様は20パーセントぐらいでしょうか。

ホテルは、もともと日常的なことを非日常に変えてお楽しみいただく場所ですからね。昔は道路がゴチャゴチャ、汽車でも、宇都宮辺りまで車窓から顔を出したら真っ黒になるような状態で日光までおいでになりました。おいでになって、ここに西洋があるっていうことを感じていただけたんです。でも今は、スーッと高速道路で来られます。途中の道も田舎の道ではなくなっています。『金谷ホテル』にいらしたら昔の日本を感じていただきたいです。

渡辺　そうだね。西洋があるっていうよりは、ここに明治があるっていう感じだね。

新緑も雪景色もいい

渡辺　真冬はお客さん、どうですか。

井上　日光は、11月24日からお客様はいらっしゃらないって日にちまで決まっているような土地柄でして。冬は本当に奇麗なんですよ。でも、なかなかおいでいただけなくて。

渡辺　絶対に奇麗だと思うな。

創業者、金谷善一郎氏の曾孫にあたる統括本部長の井上槇子さんと

井上　中禅寺の『金谷ホテル』はとくに奇麗です。日光の人たちって、宣伝とか、そういうことが下手なんです。

渡辺　もっと上手に宣伝しないとね。ここのホテルのパンフレットを見たら、真冬の写真が載っていませんよ。載せなくちゃ。こんな静謐《せいひつ》な、神秘的に澄んだ冬空の下の、真冬の静かな日光って、すてきだと思うな。

井上　正月の4日ぐらいまではお客様はいてくださるんですが、それから後は寂しくなります。すごく寒いというイメージなんでしょうか、外は雪ですが、ホテルの中は半袖でいられるほど暖かいんです。雪があるとお出かけになりにくいんでしょうかね。

渡辺　いや、単純に寒いと思っているだけですよ。湖だって冬は美しくひきしまる。

井上　本当に中禅寺湖は奇麗です。すっぽり雪に覆われて。今度はぜひ冬にいらしてください。

渡辺　地元の人も紅葉ばかり宣伝するから。

井上　春、新緑がこれまたいいんです。大雨の降った後に日が差すと大谷川《だいやがわ》の水とオゾンがワーッと上がってきて、とても奇麗です。

渡辺　そのあたりを、ぜひ宣伝してください。

奈良ホテル――歴史の重み、老舗の力

［奈良県・奈良］

平成15年に奈良ホテル初の収蔵絵画展が開催されたが、
このときの入場者数は1万5200人。
奈良の5つの美術館の当時の年間来場者の半分を8日間で集めたという。
また、このときの人の重みで木造の建物に倒壊の危険があって怖かったというが、
絵画展だけで、これだけお客さんが集まるホテルはほかにないだろう。
これこそまぎれもない歴史の重みで、その華やかさと重厚さが、
このホテルには随所に溢れている。

総支配人 森《もり》一《かず》紀《のり》・企画部長 辻《つじ》利《とし》幸《ゆき》・販売推進部長 樋《ひ》口《ぐち》逸《いつ》郎《ろう》×渡辺淳一

鹿鳴館の倍の予算をかけて

渡辺　「一度は泊まってみたい奈良ホテル」だとか、「憧れの奈良ホテル」とかを表題にしたグループツアーが多いけど、やはり桜と紅葉の頃がお客さんは多いですか。

樋口　そうです。一番多いのは紅葉です。期間が長いですから。毎年、桜の一番いい頃は満室です。

森　冬のまだ寒い時期ですが、お水取りのときもたくさんいらっしゃいます。

渡辺　新緑もいいよね。

森　ちょうど先生が今日、お泊まりになるお部屋から、春日《かすが》の山が見えます。

渡辺　観光客の多くは京都へ行くでしょう。でも僕は、奈良に行きなさいっていっている。穴場っていうと悪いけど、奈良は寺社仏閣の構想が雄大で、京都のようにちまちま密集していない。本当に天平とか飛鳥の作りは違うね。東大寺の大仏殿のあたりをブラブラ歩いているだけでもいい。

森　建物にあまり遮られていないですから、空が広い感じがします。

辻　奈良は、お寺の敷地に柵がありませんから自由に入れますが、京都は中門でもういっぺん、お金を取られたりします。

渡辺　いろいろ見ても、日本は平安のものが意外に少ない。京都は室町以降のものばかりでね。応仁の乱などでほとんど焼かれてしまって。奈良に来ると平安のもう一代先、天平飛鳥が見えてくる。ここは奈良時代がそのまま残っていて、しかも京都から電車で1時間だから、もっともっと来たほうがいい。

樋口　1時間もかからないです。近鉄特急だと35分。JRで45分です。

渡辺　ところで、総支配人というポジションは疲れるでしょう。これだけの文化遺産だから、焼いたりすると大変だ。

森　そうですね。100年を超えましたけど、建物は、ほぼ当時のままです。メンテナンスをしていますので、本当に文化遺産的な感じがすると思います。1904年に日露戦争がございまして、有色人種が白人に勝った戦争ですから、日本ってどんな国だと、ヨーロッパやアメリカからたくさん観光客がお見えになった。東京や京都辺りは宿泊するところがあるけれど、奈良は汽車が通ったにもかかわらず、外国人の方を泊めるホテルがなかったんです。それで、日本政府がホテルを作りなさいというので作ったんです。鹿鳴館の倍の予算をいただいたそうですから、相当なお金を注ぎ込んでいます。

渡辺　大きさからいったら、鹿鳴館《ろくめいかん》よりはるかに大きいでしょう。どれぐらいありますか？

樋口　敷地は７０５９坪です。

渡辺　改めて敷地の中に入ってよくみると、小高くていい場所ですね。

樋口　飛鳥山《あすかやま》、昔は鬼隠山《きおんざん》といって『今昔物語』にも出てきます。いわゆる狐と狸の巣窟《そうくつ》で、盗人とかが出ると、みんなで寄ってたかって懲らしめて追放するんです。その追放先がたいてい鬼隠山だったと書いてあります。そういう山なので、今でも狸はよく出ます。夜、ホテルの庭をうろうろしていることがありますよ。

森　鹿もよく入っていますね。

渡辺　奈良公園の鹿ですね？

森　野生です。いっぱい奈良公園にいますが、どうもテリトリーがあるみたいですね。

辻　奈良の屋敷は、鹿が入れないようにアセビをいっぱい植えています。鹿が嫌いますから。東京ではアシビっていいます。スズランみたいな花が咲きます。

森　ちょっと毒素が入っていて、気分が悪くなりますね。「馬酔木」と書きますが、文字どおり、馬がアセビを嗅いで酔ったと聞いています。

渡辺　鹿も大変だ（笑）。

高浜虚子も驚いた

渡辺　日露戦争は明治37〜38（１９０４〜５）年だね。それから間もなくできたんだから、明治の終わり頃ですね。どこが作ったんですか？

樋口　鉄道院です。今のＪＲ、前の国鉄。国鉄の前が鉄道省、その前が鉄道院です。施工は鉄道院がやっています。設計は辰野金吾《たつのきんご》さん。

森　東京駅を設計している方です。

渡辺　有名な方だけど、要するに国鉄が作ったということですか。

樋口　そうです。最初の経営は、大日本ホテル株式会社

五重塔を望む、重厚華麗な姿そのままのメインダイニング「三笠」

明治42年創業当時の面影を残した本館デラックスツインAタイプ

フレンチダイニングでは、和牛フィレ肉のステーキなどが楽しめる

の西村仁兵衛という人で、彼は明治時代でいうホテル屋です。ところが大正2年に経営を放り出してしまいます。『奈良ホテル』は金がかかりすぎて、とても民間ではやっていけないと、その後を継いだのが鉄道院です。ですから『奈良ホテル』はそのときから国営です。

森　高浜虚子《たかはまきょし》が、大正5年に『奈良ホテル』に2泊していますﾟ。今、テレビなどで旅の番組がありますが、それの大正版で、『奈良ホテル』に2泊して、感想を国民新聞に9回に分けて書いています。彼は『奈良ホテル』に来て、ものすごくカルチャーショックを受けています。当時の最新の設備で、一番驚いているのは水洗トイレでした。

渡辺　初めから水洗トイレだったんですか。

樋口　そうです。

渡辺　すごいなあ。

樋口　小用を足した後に、目の前にひもがあったので、ひもを引っ張ると自分の下のところがパコッと割れて、水がザーッと流れて、その開いたところがパタンと閉まった。瀬戸物のトイレという表現を彼はしていますけど、水洗トイレですね。

辻　のぞき込んで、高原の岩間をほとばしる清水が張ってあるって、それが撹拌《かくはん》されて、一瞬でなくなって、また元どおりになったと。

樋口　虚子はすごく感動しています。

渡辺　それはわかるなあ。

辻　お風呂も、壁から出た金属製のねじをボーイが左右に回したって。混合栓のことですね。

樋口　どこをひねっても熱いお湯が出てくるって、書いています。

渡辺　暖房は暖炉だったんですか。

樋口　最初は暖炉です。暖炉は大正2年ぐらいに使わなくなって、それに代わるものとして、先生のお部屋にもありますが、いわゆるスチーム暖房になりました。

渡辺　あれ、何も使っていなくても、飾りとしても素晴らしい。

樋口　今も使っていますよ。

渡辺　使っているんですか。

辻　現役です。あのカンカンカンっていう音が今でもします。

渡辺　お湯が通り始めるときに音がしてね。昔を思い出して、懐かしい。

樋口　実は、大正天皇が即位の報告に伊勢神宮と橿原《かしはら》神宮に来られたときにスチーム暖房を作っているんです。そのためにマントルピースを使わなくなりました。『奈良ホテル』はマントルピースでもっているホテルだと、市議会で大変な論争になったようです。マントルピース擁護派と、スチーム暖房推進派に分かれて、侃々諤々《かんかんがくがく》の議論があったみたいです。大正天皇のために入れるということで、最後には反対派も黙ってしまったそうです。

渡辺　そうですか。

森　でもマントルピースが絵になるから、そのまま置いてありますが、煙突はいつの間にか取ってしまいました。

渡辺　さっき見せていただいたけど、正面入り口からずっと有名な絵がかけてある。上村松園《うえむらしょうえん》さんから、福田平八郎《へいはちろう》さんとか、いっぱい。

森　上村松園の『花嫁』という絵は非常に人気がございまして。

渡辺　ふっくらとして、いい作品だ。

森　絵は皆様、楽しみにいらっしゃいます。

渡辺　ここは堂本印象《どうもといんしょう》だね。

樋口　堂本印象の『春日山』です。

渡辺　少しボーッとしているね。

森　そうですね。ふわーっとした景色ですね。

渡辺　建物だけじゃなくて、そういう調度や絵までいろいろあって、本当に楽しめますね。

富士屋ホテル――かごで上ったアジアンテイストのホテル

［神奈川県・箱根］

箱根・宮《みや》ノ下《した》は昔、底倉《そこくら》温泉といい、太閤秀吉が小田原征伐のときに旅の疲れを癒した温泉として知られている。

またこの辺りは桜の名所でもあり、満開は東京より半月ぐらい遅く、下の湯本から上の仙石原まで、花を1ヵ月以上楽しめる。

まことに春の桜は麓《ふもと》から上がってきて、秋の紅葉は上から下へ下がり、この両者を楽しめるところが、箱根の人気の秘密でもある。

かつて温泉以外何もなかったこの山奥にホテルを作って外国人を呼ぼうと考えた大胆さがホテルの随所に漂っている。

社長

勝《かつ》俣《また》伸《しん》×渡辺淳一

明治・大正・昭和　3つの様式

渡辺　さすがに、由緒あるいい建物ですね。

勝俣　ありがとうございます。これを何とかそのままの形で維持していかなければいけないと思っております。内装は若干変えていますけれど、ロビー、その前の階段、本館の部屋は当初からの建物です。明治11（1878）年に箱根・宮ノ下に建てられました。

渡辺　そうすると、130年以上前ですか。

勝俣　2008年の7月15日で130周年でした。

渡辺　しかし、ずいぶんいろいろな方が訪れていますね。皇族の方々もほとんどお見えで。今夜、僕が宿泊する花御殿の「桜」の部屋はヘレン・ケラーが泊まったと書いてあったけど。

勝俣　そうですね。アイゼンハワーさんもジョン・レノンさんもお泊まりになりました。ウェイターをやっていましたときに、ジョン・レノンさんが、オノ・ヨーコさんと『イマジン』を作るために滞在なさっていたのですが、直接サービスをいたしました。信じられないことでしたね。まだ息子さんのショーンさんがこんなに小さいときでしたが。

渡辺　そしてマッカーサーも。

勝俣　はい。

渡辺　マッカーサーが来ているということは、戦災には遭わなかったんですね。

勝俣　はい、箱根はございませんでした。神奈川県ですと『ホテルニューグランド』『富士屋ホテル』、それから強羅《ごうら》に『強羅ホテル』というのがございましたが、そこが米軍の接収を受けています。接収解除が昭和29年ですから、約9年間、米軍に接収されておりました。そのときは、バーでカクテルパーティが毎晩開かれていたようです。

渡辺　進駐軍は、いいホテルはみな取り上げたから。

勝俣　一般営業が昭和29年の9月からでございます。それから10年ほどたって、東京オリンピックになりました。高度成長とともに外国からのお客様が増えました。

渡辺　今日も何人か見かけましたが、多いみたいですね。

勝俣　私が入社した頃は、89パーセントぐらいが外国の方でした。それから急にドルが安くなりまして、日本人のお客様の割合が増えました。

渡辺　たしかに、このホテルは外国人の好みに合っている。エキゾチックな、和風のいろいろな彩りがあるから。廊下や階段の手すり、そして部屋の作りも。

勝俣　日本建築の中にアジアのテイストがかなり入っております。3代目がアジアの当時のいろいろな文化を吸収されまして。インドネシアのカラーリングであるとか、かなりオリエンタルな装飾デザインをしました。

渡辺　誰の設計ですか。

勝俣　山口仙之助《せんのすけ》、オーナー自ら設計をしました。

渡辺　オーナーがいろいろ外国に行って、こういうのを作ってみたいと夢をふくらませて造ったんだろうね。

勝俣　棟梁《とうりょう》は有名な河原という一族がいまして、日光東照宮の宮大工等々を務めた方です。日光の金谷家と『富士屋ホテル』創業の山口家は姻戚関係にあります。3代目の正造という社長が金谷家の次男で山口家にやってまいりました。

渡辺　僕のいる花御殿も、当時の好みをしっかりわきまえた人が造っているわけですね。

勝俣　そうでございます。『富士屋ホテル』の建物は大きく3つに分けられます。明治期のもの、大正期、そして花御殿の建てられた昭和期です。明治中期から各時代にまたがって、それぞれが個性的で変化に富んでいます。

渡辺　それぞれの部屋に時代の息吹が残されている。

勝俣　明治期の建物は本当に西洋風の洋館だったのですが、日本文化をアピールするために花御殿を作ったそうです。ですから『富士屋ホテル』は、建物別にいろんな部屋に泊まってみないと、ホテル全体がわかりません。同じ部屋がひとつもございませんので、そこが面白いところです。

渡辺　全部で何室ありますか。

勝俣　146部屋です。

渡辺　そんなにあるの。お客さんは、代々、親に連れられて、という方が多いのでしょう。

勝俣　そうです。そういった意味では異色のホテルです。ですから料理も、小さいときに味わっていた感覚、記憶がございますから、変えてはいけない料理の味と、時代によって変えるものと両方ございまして、料理長は大変です。

渡辺　変えてはいけないものは何ですか。

勝俣　ソースですね。デミグラスソースは脈々と私ども

西洋館の柔らかでシックな美しさに溢れたスーペリアツインの部屋

の伝統になっております。

渡辺　なるほど、それはいいね。一番古い建物は正面ですか。

勝俣　さようでございます。明治11年の建物は宮ノ下の大火で焼失してしまいまして、現存で一番古い営業館は、メインロビーのところです。明治24年に竣工しました。

渡辺　消防もなかっただろうね、こんな山奥では。明治24年から、建物は微動だにしてないんですか。

勝俣　はい。ここは非常に硬い岩盤でございまして、国土交通省の地理学の基点にもなっております。明治の初めに、山口仙之助がホテルの経営を志したときに、よくこの地を選んだものだと思います。直下型の地震がありましても、それほど影響はないと思われます。ただ木造建築ですから、手直しは必要です。

渡辺　いくら地盤がよくても、建物は古びると思うけど、すごいものだなあ。

勝俣　日本でもだんだんクラシックホテルがなくなっていきます。これをなくした場合は、『富士屋ホテル』としての価値がなくなりますので、大事にしていきたいと思っています。

登録有形文化財、西洋館「カムフィ・ロッジ」明治39年築。
鎧戸（よろいど）、つき上げ下げ窓のある典型的な明治の様式を持つ

渡辺　僕の部屋「桜」は眺めもいいけど、トイレとバスルームの隣に、ひとつかなり大きい空間があって。ここにハンガーと金庫が入っていて。今風にいうとドレッシングルームのようだけど、当時から利用されていたのかと、感心した。

勝俣　クローゼットルームですね。

渡辺　あんなに広い空間があるなんて贅沢ですね。

勝俣　昔は横浜にお客様が船で着きましたから、滞在が1ヵ月、2ヵ月になりますよね、ですからあれだけの広さがないと荷物が収容できませんでした。ここを起点にツアーをするわけです。バスルームぐらいの大きさがありますね。

渡辺　表向きの部屋だけでなく、ああいう空間は大事だから。

勝俣　旅の変遷も建物の中に垣間見ることができます。横浜に着いて、日光・鎌倉、そして箱根。箱根を起点に富士山に行かれたり、最低でもツアーで2週間はかかります。さらに京都に行って、関西から帰国する。横浜は水が非常にいいらしいです。客船のクイーンエリザベス号などは、横浜で水をたくさん積んでいったと聞いています。その水は、山中湖の道志《どうし》村から引いているものです。

渡辺　なにかのんびりとしていて、贅沢ですよね。

有料道路、発電所も作ってホテルを開業

渡辺　東京近辺では、海というと熱海、山というと箱根だね。もうひとつ、避暑で行くのに軽井沢、その3つのうちで箱根は歴史的に一番古い。こんなすてきなホテルを山に作ったんだから。でも、その頃ここまでどうやって来たのかな。

勝俣　かごです。

渡辺　かごで上ってくるのは大変だったろうね。

勝俣　山口仙之助が自費を投じまして、湯本温泉から宮ノ下まで、日本初の有料道路を作り、それが今の国道1号なんです。

渡辺　国道1号って、昔、参勤交代に使っていた山の道ではないんだ。

勝俣　そうではございません。参勤交代の道は内輪山にございまして、箱根山から浅間山を下りて行ったんです

ね。今の旧街道になります。その山あいの外側に作ったのが今の国道1号です。湯本温泉で分かれております。

渡辺　かごでは大変だったろうね。湯本からここまで、どれぐらいかかったんですか。

勝俣　当時は半日以上です。横浜から国府津《こうづ》までやっと馬車鉄道が走りまして、それから小田原へ来て。

渡辺　かごで半日かかる山奥に、こんなすてきなホテルを作ったのは、すごい。

勝俣　ホテル業のみならず、インフラ整備までした政治家でもありましたね。水力発電で変電所も作りまして、今は東京電力に売却したのですが、この地域に初めて電気を通しました。

桜から紅葉まで長い間楽しめる季節感

渡辺　この辺りは4月下旬、桜が満開ですけど、東京と半月ぐらい違いますか。

勝俣　湯本から仙石原《せんごくはら》まで、桜は1ヵ月間楽しめますね。春は下から上がってきまして、新緑もそうです。秋は上から下へ下がってまいります。こういう長い季節感が箱根の人気の理由だと思います。

渡辺　桜のあとはツツジかな。

勝俣　そしてヤマフジ。ヤマフジは奇麗です。私は新緑が大好きでして、これから緑いっぱいになるのもいいですよ。5月はツツジ、6月から7月にかけて紫陽花《あじさい》です。この紫陽花も非常に奇麗です。

渡辺　本当に、この辺りは自然が満喫できる。

勝俣　人の心って、花とか、美しい緑とか、紅葉とか、自然のものに寄せられますね。そういう素材が箱根はものすごく豊富ですから、四季を通じて楽しめます。冬は空気が澄んでいますので、富士山が一番奇麗に見えます。見事ですよ。

渡辺　山峡から望む富士が見られるんですよね。それはすてきだ。

旅館くらしき——美しき蔵の町の宿

［岡山県・倉敷］

『旅館くらしき』は名前を聞き、ロゴを見ただけで倉敷で一番の旅館と想像できる。味わい深いこのロゴの字は、大原美術館ゆかりの芹沢銈介《せりざわけいすけ》から先代がもらったものをそのまま使用している。元は大きな蔵だったので、柱・梁《はり》などのほとんどは300年前の当時のまま、ほとんど変わることなく、おかげで、和室なのに密閉性が確かで、これが独特の落ち着きを生み出している。さらに部屋の調度を見れば、大原孫三郎を筆頭に当時の豪商が美術品収集に熱心だった文化人だったと知れる。

女将　中《なか》村《むら》律《りつ》子《こ》×渡辺淳一

全館美術館のような旅館

渡辺　今、入ってチラッと見ただけだけど、聞きしに勝る旅館だね。外観から内部の隅々まで美術館みたいで。
中村　とくにこのお部屋は、改装時もほとんど手をかけていないお部屋でして、「東の間」という部屋名もそのまま使わせていただいております。
渡辺　聞くところによると、砂糖の商いをやられていた方が持っていたお屋敷だとか。
中村　はい、米蔵を改造して、1階を「東の間」、2階を「巽《たつみ》の間」として使っております。約250年前の蔵といわれています。
渡辺　重厚な蔵の感じがよく生かされている。今は5部屋だけだから、今日の取材スタッフが泊まると、ほとんど占領してしまう。
中村　部屋数が少ないんです。
渡辺　以前はもっと部屋があったんでしょう？
中村　改装前はお座敷と客室と境がなかったので、17部屋ございました。2部屋を1部屋にするなどで客室を大きくしました。お風呂とお手洗いが付いていませんと、外国のお客様をはじめ皆様難しくなっておりまして、そのしつらえをして、お座敷だけのお部屋は宴会利用と、完全に動線も分けました。
渡辺　普通は、大きい部屋を小さくして、たくさんのお客を収容できるようにするけど、豪華な改装ですね。
中村　ご高齢の方や外国のお客様も増え、ベッドのあるお部屋のご要望が多くなりました。
渡辺　やはりベッドとバスルームがないとね。
中村　そうはいっても、旅館ですから畳の部屋もないとおかしいですし。昔は6畳という狭い部屋でも、川が見えると喜んでくださった、と聞いております。
渡辺　ここの今のオーナーは、何をされている方ですか。
中村　四国の高松に本社がございますあなぶき興産です。
渡辺　じゃあ、そこから、あなたが女将さんとして任せられている。
中村　そうです。パンツスタイルで建築現場に入って、ヘルメットをかぶって、着物もよう着んでしたのに(笑)。『旅館くらしき』を先代の畠山家から、お譲りいただいて改装しました。
渡辺　棟方志功《むなかたしこう》さんや司馬遼太郎《しばりょうたろう》さんがお好みだった「巽

の間」は、柱も梁も昔のまま生かしてありますね。

中村　「巽の間」は屋根裏なんです。先代が家具・装飾品がお好きで、こだわってご自身も机などを作られたり、建具を作られたりされたそうです。

渡辺　このテーブルもここだけ見ると傷があるけど、年代を感じるね。細かい装飾が施されていて。

中村　そのまま使わせていただいております。新しく揃えたものはほとんどありません。素晴らしいですね。

渡辺　うわさに聞いたことがある人もいるとは思うけど、『旅館くらしき』を東京の人がもっと知ったら、憧れて来るだろうな。1階の入ったところの奥のレストランも、なかなか風情がある。

中村　ありがとうございます。実はもともとは庭の見える小さなお部屋と下足番が待機するところで、昔ならではの配置でした。せっかくお庭が見えるので、あのようにしました。

渡辺　宿泊しなくても入れるのでしょう。

中村　大丈夫でございます。気軽に立ち寄って、庭を眺めていただいて、次はお泊まりに来てくださると嬉しいですね。

渡辺　ではいただきます、卵酒ですか？　いや違うな。

中村　白酒に炭酸を加えました。

渡辺　おいしい（笑）。

中村　倉敷は雛祭《ひなまつ》りを早めに始めます。2月中旬ぐらいから、そこかしこでお披露目が始まります。明日でもお時間がございましたら、ご覧いただけますか。春はお雛様ですが、秋には屏風《びょうぶ》をお披露目します。昔あったものの復活を街の皆さんがなさっています。本当にいろいろ

江戸の砂糖問屋の蔵を改装した全5室の贅沢な宿。この部屋は東の間

瀬戸内の豊かな季節の食材を使った、懐石料理も楽しみのひとつ

女将の中村律子さんと

勉強になることが多くございます。観光に恵まれた立地ということにあぐらをかかずに、いろいろなことをなさっているのに頭が下がる思いです。私どもは、もうおんぶにだっこで、お役に立てていないのですが。不思議な魅力ある街だと感じます。

文化財を残す責任があるから――

渡辺　普通、倉敷っていうと、白壁の蔵が並ぶ風情のある景色ばかりを思うけど、水島コンビナートがあって、工業都市でもあるんだね。水産業も盛んだし。

中村　そうです。また美観地区も、もともと、日本有数の紡績会社の創業者である大原家のご当主が広い意味でのメセナをいち早くお考えになられて、美術館などの文化施設を造られ、戦後も街並みを保存することに力を入れられた結果です。商人産業の町が倉敷の前身で、それなくしては今、芸術と歴史の街は、なかったとうかがっております。

渡辺　この辺りの街並みは、風致地区っていうか、保存地区ですね。

中村　美観の保存地区でございます。正確には「重要伝統的建造物群保存地区」として外観は許可なしには、木一本いじってはいけないといわれます。文化財指定を受けておられるお宅は内部も変えられません。ただ私どもは、先代が砂糖問屋から旅館にする際、建築家の浦辺鎮太郎《うらべしずたろう》先生による改築をさせていただいていますので、それがなければ、古い個所は指定を受けたと聞いています。

渡辺　風情のあるお部屋を、こんなに大きくゆったりと使って、これで経営は大丈夫ですかって、余計な心配をしてしまうけど（笑）。

中村　先生のご指摘どおり、宿泊だけですと5部屋ですので、全室が満室になっても、難しいところがあり、稼働率もかなり重くのしかかっております。今は、地元の方のご宴会に多く使っていただいているお座敷、そしてレストランの営業、テナントでお貸ししている蔵と多角経営により、収益とリスクを分散しております。それも立地に恩恵をこうむっているからこそできることだとひしひしと感じます。

渡辺　利益追求より、こういう文化財を大切に残していくという気概をとても感じるね。

中村　ありがとうございます。やはり企業ですので、赤字ばかりを出して存続し得ないことには、建物などをお預かりしているものの責任をまっとうできないことなので、維持していく体質を早く安定させなさいと指示を受けております。それがなければ、倉敷の地元のお客様もついてきてくださらないと思います。

渡辺　観光客は、夜、街をぷらぷら散歩されますか？

中村　はい。季節にもよりますが、お食事の後にそぞろ歩いて、巡ってくださいます。

渡辺　少し暖かくなるといいね。

中村　石井幹子《もとこ》先生という照明デザイナーが倉敷に招かれて、街灯に明るめの光を仕込んでくださり、壁を照らして白壁自体を浮かび上がらせるイルミネーションを始めておりまして、それを見に皆さん来てくださいますね。

渡辺　旅館前の運河に映るのが美しいね。

中村　街並みに沿うように、街が浮かび上がるようにという意図なので、どこでやっているんですかっていうお問い合わせをたくさんいただいて、この状態がそうなんですって、お答えすると、きょとんとなさいますけど(笑)。歴史ある美しい街です。

第四章　美味しい料理、口福の宿

炭屋旅館《すみや》――和敬静寂の宿

［京都府・京都］

雨戸がサッシに変わり、畳の代わりにフローリング、床の間もない。
日本人なのに和風の文化は廃《すた》れるばかり。
だからこそ旅館に来たときは、昔を思い出して和風になじんでもらいたい。
これが炭屋のもてなし。畳に座るのは足が少し痛いけど、
せっかくいい座敷があるから、ちょっと座ってみようか。
おいしいお菓子がいただけるから、お茶が身近にあるから、味わってみようか。
そんな気持ちにごく自然になれる。これこそ炭屋のもてなしである。

女将 堀《ほり》部《べ》寛《ひろ》子《こ》×渡辺淳一

お茶をするなら炭屋へ

渡辺　ここは、女将さんで何代目になるんですか。

堀部　4代目になります。最初はお宿をしようと思って建てはったわけではなくて、ここは京都の真ん中ですので、お茶とか、謡曲の観世流、金剛流、お家元がたくさんおいでになるので、京都にお稽古をなさりにみえた方に、1日、2日と泊まっていただいていたらしいです。

渡辺　今のような旅館にされたのは、いつからですか。

堀部　大正の初めです。謡曲やお茶、お花という同好の方をお泊めしているうちに、ただで泊まるのも気づまりに思われて、なにがしかのお礼を置いて帰らはることが度重なって、それやったら宿屋にしようかと。

渡辺　その方があなたの……。

堀部　祖父になります。とてもお茶が好きでして。今のようにお家元もお忙しくなかったし、もっともっと交流もあったようで。お茶をしはる人だったらみんないらっしゃいと、もてなしするのが好きやったんです。

渡辺　風流な人だったんですね。

堀部　そうですね。お商売抜きで、趣味に生きた人でした。また、私の父もそうやったんです。裏千家の老分《ろうぶん》にさせていただいて、お家元とご一緒に全国をお献茶に出かけていました。全国行った先々で、お茶なら炭屋においで、っていって歩いてくれましたので、「お茶するんやったら、京都に行くんやったら炭屋に行こうか」と、全国的にお茶の宿ということで知られるようになりました。まんざら遊んでばかりでもなかったんやなって、今は思います。毎月、7日と17日、先代と先々代の命日に釜を懸け、お泊まりの方にお茶をさしあげています。

渡辺　このお茶席を目当てに来る人も多かったろうね。

堀部　おかげさまで好評をいただいています。

渡辺　あなたはお茶を、お父さんから受け継いだの。

堀部　老分をさせていただいたぐらいですから、お茶の世界では偉い先生方に、ずいぶん名は通っていたんですけれども。私はあまり難しいことはわからないのですが、お茶といったら何やら堅苦しいし、正座しんとならんし、嫌やなと思うような方にも、ちょっとお茶してみようかなと思うようになってもらえたらいいなと。もっと門戸を広げて、いろいろな方に来ていただけたらいいなと。お茶に関しては初心者の方にもお越しいただけるように努力しております。

渡辺　じゃあ、今でも定期的に、お茶の会を開かれているんですね。

堀部　はい。父の頃のお茶の先生方はお年を召したり、皆さんお座りになれない方が多くなったので、椅子を用意したり。

渡辺　あ、そうか。それでこんないい座椅子があるんだ。お茶のときもこの椅子に座っていいんですか。

堀部　駄目っていうたら、お茶をしはらへんようになります、この頃は。おうちに畳がない方も多いですもの。

渡辺　そうですねえ。今、茶室はいくつあるの？

堀部　茶室は全部で5つあります。ご覧いただいた玉兎《ぎょくと》庵《あん》以外にあと4つありますが、全部遊ばしておくわけにもいかないので、ふたつだけ炉を開けておいて、あとは客間に使っています。いつでも開けてお客様を呼んでお茶会をすることができます。

渡辺　ここは旅館だけどお茶会もやっている、というわけですね。

堀部　はい。季節ごとに趣向を凝らしてお茶事をします。

渡辺　表、裏、武者小路、それとも？

堀部　私自身は裏なので裏千家の方が多いですが、もういろいろです。

渡辺　ここの屋号は、どうしてついたんですか。

堀部　鋳物屋《いものや》をしていまして。宿屋をしたいんやけどどんな屋号にしようかって、本家に聞きに行ったんですって。そうしたら、炭を扱っているし、『炭屋』にしたらどうやっていうてくれはってって、祖母に聞いたことがあります。

渡辺　今はおじいさんとおばあさんはお亡くなりになって。

堀部　はい。

渡辺　女将さんになるべくしてなったんだ。

堀部　そうですね。

渡辺　じゃあ、若いときから、何となくなるだろうなと。

堀部　やっぱり料理屋の奥さんの友達が多いでしょ。そういう人たちと話をします。料理屋の奥さんは、夜遅くなっても、明日の朝がない。旅館は、一晩、人のお命を預かるって、これは大変な仕事だって思っていました。

渡辺　なるほど。

堀部　それだけ責任も重たい、けど、やっぱりやりがい

春3月、お雛様のメニューから。だしの香りも高い蛤《はまぐり》のお吸い物

定評のある懐石料理はおいしい上に、彩りも美しい。桃の花をあしらった八寸

茶の湯の宿として知られる『炭屋』では、
毎月７日と17日の夜、茶室でお茶がふるまわれる

女将の堀部寛子さんと、桃の節句の頃に

も、喜びもそれだけ大きいです。

渡辺　旅館の女将さんは、料理屋の女将さんに比べると大変だね。これだけ古いと顧客というか、おなじみのお客さんがずいぶんいるでしょ。

堀部　おいでになるんですけれども、お客さんも同時に年を取ります。母の頃のお客さんは、皆さんお年を召されて。

渡辺　本当だよね。

堀部　お便りいただいたりしますけれども、それぞれ皆さん代が替わっていますね。日本の文化がだんだん変わっていくような気がします。

渡辺　庭もすてきだなあ。

堀部　全部開けましょうか。植木屋さんがいうてはりました。このお庭は座って見るものなんですよって。

渡辺　小さいけど風情があって。

堀部　京都の街の真ん中ですから。狭いです。

渡辺　ここは三条でしたか。

堀部　三条です。錦《にしき》の市場が近いんです。この辺は三条大橋も近く、東海道の最終で宿屋が多かったそうです。

渡辺　そうか、なるほど。

書院に侘びた舟天井が、茶の湯の宿を彷彿とさせる

堀部　でも、最近では、どんどん駐車場に変えていかはって。場所がないので、上に上に立体駐車場にしはるから、大文字（五山送り火）がだんだん見えんようになってしもうて。一昨年までは3階から大文字の一部が見えてましたけど。もう去年あたりから見えなくなりました。燃えて光っているのもわかるし、歓声は聞こえるんですけど、もう河原へ出ていただかんとあかんようになってしもうて。

渡辺　昔は見えたんですねえ。

堀部　母が毎年屋上へ上がって拝んではりました。

渡辺　やっぱり、昔はよかったんだなあ。

浅田屋 ―― 百万石の歴史とともに

［石川県・金沢］

海の幸と山の幸をたっぷり生かした『浅田屋』の料理は、それでも手間暇かかっている。あそこに行ったらあれが食べられる、だからまた行きたいと思わせる『浅田屋』の名物「舟こんぶ」もある。

金沢を訪れる人々はそれぞれ目的を持って来るという。

お茶をしている人はそれに見合ったお菓子がほしい、九谷《くたに》の器ものがほしい、輪島塗とか加賀蒔絵《まきえ》の漆《ぬり》ものを探したい、そして加賀友禅の着物がほしいという人も。

さらには金沢に7人いる人間国宝の作家にも、この宿からは連絡がとれるという。

『浅田屋』は泊まるだけでなく、さまざまな求めにも応じてくれる文化を伝える宿でもある。

社長 浅《あさ》田《だ》裕《ひろ》久《ひさ》・女将 浅《あさ》田《だ》郁《いく》子《こ》×渡辺淳一

万治2年創業の飛脚問屋から

渡辺　ご主人は『浅田屋』の何代目ですか。

社長　一応わかっている範囲では15代目です。

渡辺　ということは、初代は何年頃になるんですか。

社長　1659年。万治《まんじ》2年です。

渡辺　その方が金沢で旅館を開かれた。

社長　江戸時代は飛脚業でございました。

渡辺　今の通信業ですね。

社長　そうです。通信・郵便局です。

渡辺　それで何年かたってこういう旅籠《はたご》というか。

社長　はい。ちょうど大政奉還の頃にお殿様もいなくなりますし、政府が郵便局をやるという方針がはっきり出ましたので、飛脚業をやめまして旅籠に変えたと聞いています。

渡辺　場所は現在と同じですか。

社長　ええ、旅館としては街の真ん中で手狭ですが。

渡辺　駅はすぐそこですよね。

社長　歩いて行けます。

渡辺　一番の真ん中にこういう旅館を作ったんですね。

社長　その頃はお隣に米穀取引所がありまして、この通りは旅館が7、8軒ございました。私が生まれた頃も5、6軒ありましたが、今残っているのは2軒だけです。

渡辺　『浅田屋』は、旅館もさることながら、素晴らしい料理屋としても有名ですが、そちらを広げられたのはいつぐらいからですか。

社長　昭和39年です。東京オリンピック、新幹線が開通した年です。東京の赤坂に店を出しましたのは昭和46年です。

渡辺　昨夜、ゆっくり食事をいただきましたが、本当においしかった。

社長　ありがとうございます。

渡辺　やっぱり海の幸を中心に。

社長　はい。土地のもの、季節のもの中心ですね。おかげさまで海も山も近いものですから。

渡辺　旅館と同時に料理屋もやろうと思ったのは初めからですか。

社長　『浅田屋』は土地が限られていますし、お庭をゆっくり見ていただくというしつらえができませんので、料理でもてなすしかないんです。

渡辺　それはなかなかの見識ですね。浅田屋の料理は、たしかに手がこんで、手間暇かかっている。
女将　昨日お召し上がりになったこんぶのお料理「舟こんぶ」はいかがでしたか。
渡辺　ああ、そうそう、あれもそうだ。
女将　主人の提案なんです。
社長　金沢だとじぶ煮とかいろいろあるんですが、そうじゃなくて、浅田屋の名物になるようなもの。あそこに行ったらあれが食べられる、だからまた、お越しくださいというようなものを考えまして。
渡辺　出てきたときに、これは、って思いました。そういう料理があるとまた来たくなる。いろいろなタイプのお店をなさっていますが、みなご主人の発想で？
社長　はい、和食の店が金沢だけで5軒あります。拡大路線でいこうと思ってやってきたわけじゃなくて、自分たち夫婦や家族で食事をしていて、こんな店があったらいいなっていうのを出していくうちに増えてきました。
渡辺　何軒あっても、統一的な見解はあるわけでしょ。お料理の基本として、こういうのでいこう、っていうのが。
社長　だしのひき方とかは基本的なものがありますが、献立はそれぞれの店で自由です。食事をいただいた後、これはこうですよということはいいますが、それ以上はいいません。
渡辺　いろいろなところでテイスティングはするわけですね。
社長　女将とふたりで食事に行って良かった店があると、料理長全員で行ってもらうとか、そういうことはやっています。
渡辺　郭町《くるわまち》にある「螢屋《ほたるや》」さんは？
社長　ひがし茶屋街って金沢を代表する街並みで、京都の祇園《ぎおん》みたいな雰囲気の奇麗な街があります。20年ぐらい前に、当時の市長さんから電話がありまして、「諸江《もろえ》屋《や》」が売りに出ると。あそこの雰囲気を壊すような店ができたら弱るし、買ってくれないかといわれまして。
女将　まだ保存地区になっていない頃ですね。だから誰が買おうと自由なときでしたので、建物もまだ直せましたから。
社長　買って何をしようかなと、15年ぐらいそのまま放っておいたんです。そろそろやるかと8年前、和食の店

吟味された調度や器に、旬の魚介、山の幸など四季折々の素材を盛り込んだ加賀料理は目にも美しい

料亭旅館の名にふさわしい至福の料理が、おもてなしの心を持って供される

女将の浅田郁子さんと、水を打った玄関前で

を出しました。昔、芸妓《げいこ》さんもいたし、女郎さんもいた土地柄ですから、儚《はかな》い螢みたいな命だったかなということで、「螢屋」という名前にしました。

女将　息子たちが、私たちの思いも汲《く》んで「『螢屋』にしよう。これが最後ですよ」と。これ以上お店は増やしませんよ、って釘を刺されて出しました。

渡辺　まだまだ終わりとは、とても思えませんね。いろいろなさってて、それをまとめるのも大変だったでしょう。女将さんはずっとこの旅館をメインに？

女将　最初の頃は「ちょっと女将さんごあいさつに来て」と言われて、ほかの店に走っていましたが、年齢とともに『浅田屋』に住み着いて。

渡辺　古くからのおなじみのお客さんも多いんでしょう。

女将　多いですね。私が忘れていても、お客様はきちんと覚えてらっしゃるので、カルテがあるんです。それを見ると、ああ、こういう会話をしたなとか、数年前のことでも、あ、あのときはと思い出します。お客様のカルテは私の大事な宝物なんです。

渡辺　カルテというのは、そのお客さんの名前と来たときの年齢とか、癖とか、好みとか書いてあるんですか。

女将　先生だったら、お蒲団《ふとん》ではなくベッドだとか。枕はこの位置にとか。
渡辺　横になったらテレビが見えるようにとか（笑）。
女将　枕は何がお好みで2枚セットとか。たばこは吸われるとか。お酒は何がお好きだったかとか、いろいろです。それを見ているうちに、ああ、あの方って、思い出します。で、一人ひとりのしつらえを準備しますから、お客様が「浅田屋に来ると家に帰ったような気がする」といってくださいます。
渡辺　覚えていてくれるからね。
女将　嬉しいっておっしゃいます。

お客様の希望をかなえるのが旅館

渡辺　夫婦連れはどういうふうに布団を並べるの？　間の幅決まっているんでしょう。
女将　はい。床の間を枕にして。
渡辺　和風でダブルのような感じにできるのかな。
女将　いくらでもできます。とくに外国からおいでのお客様はふたつでダブルのシーツを掛けて、ダブルベッド形式にします。
渡辺　ダブルのシーツがあるんですか。
女将　はい。けっこう外国からの方も多いんです。とくにヨーロッパですが。皆様3泊ぐらいなさって。あちらの方はベッド感覚ですから、蒲団は敷きっぱなしで、帰ってきたら先生と同じで、いつでも横になれるようにしておいてくださいっていわれます。そういうときは、お掃除が終わった後、もう一回ベッドメイキングし直しています。
渡辺　ああ疲れた、と思ってごろんと横になりたいとき、布団が敷いてあるといいね。
女将　外国の方をお迎えするときに、敷いておかないと、僕たち今日、どこで寝るの？　っておっしゃいます。
渡辺　ベッドを見ないと不安なんだ。
女将　そういう感覚に、私たちも切り替えていかないといけません。
渡辺　僕の希望はそれほど特殊じゃないんだね（笑）。
女将　お客様のご希望にお応えしないと。そのための旅館ですから。おっしゃっていただければ喜んでご用意いたします。

渡辺　外国人でも何度か見える方もいらっしゃる？
女将　いらっしゃいます。ヨーロッパの方はご家族で見えて、その次は息子さんがフィアンセを連れてきて、次に、私より先に孫が来たっていって、おばあちゃんがお友達を連れてくるというご一家もありました。アメリカから、『浅田屋』を利用した方に、良かったから日本に行くんだったら、金沢へ行って浅田屋に泊まりなさいと薦められたと予約をいただきます。私たちは英語が堪能ではありませんので、っていいましたら、言葉じゃない心、心にすごく感激したというので、しゃべれなくてもいいって、いらっしゃいました。
渡辺　日本人だと金沢の見るところはだいたいわかるけれども、彼らもわかっているんですか。
女将　勉強していらっしゃいます。タクシーには乗りません。皆さん3日間あればあちこちとぶ厚いガイドブックを持って歩かれます。熱心ですね。日本の方は観光タクシーを利用されますが、外国の方でお呼びした記憶はありません。昔の茶屋街も武家屋敷も近いですから。
社長　みんな歩いて行かれます。
渡辺　その辺のところが面白いんだろうね、彼らにとっては。
女将　ブラブラと行かれて何か買ってこられます。
渡辺　みんな東京とか京都経由で来るわけでしょう。
女将　京都・高山・金沢というルートで来られます。そして最後に東京に行かれて楽しまれて成田から帰られる。
渡辺　なるほど。あまり大きい旅館ではないから、なじみのカルテがあるようなお客さんで、ちょうどいいんだろうね。
女将　そうですね。5組のご夫婦で10名様。そして昨日ご覧になられた広間のほうでご宴会をなさるとか。そういうときに、昨日の福太郎さんみたいな芸妓さんを呼ばれたりして、金沢のお茶屋さんの風情を楽しまれる方もあります。
渡辺　芸者さんを呼んでくれるところも、この旅館の楽しみ方として面白い。まさに、日本文化を伝える宿なんだね。

志摩観光ホテル

ベイスイート——進化し続けるホテル

［三重県・志摩］

ここはほかの土地よりよいアワビが獲れて、腕利きのシェフがいて

現在の有名なアワビ料理ができたのだろう。

ただ活きがいいだけのお刺身だったら、海から獲ってきて海女《あま》さんでも作れるが、

それだけでは志摩観光ホテルの舞台には載せられない。

「火を通して新鮮に、形を変えて自然に」。

素材を80パーセント活かし、そこに20パーセントの手を加えた美味が

テーブルに運ばれてくる。

さまざまな料理にエキスのようにアワビが使われていて

東京から5時間かけて来る価値は充分あると、改めて知らされる。

前総支配人 鳥居《とりい》正彦《まさひこ》・グランシェフ 宮崎《みやざき》英男《ひでお》×渡辺淳一

ベイスイートの誕生

渡辺　夕べから新しくできた『ベイスイート』を満喫しました。ここの以前からある『クラシック』には、だいぶ前ですが泊まったことはあるんだけど。

鳥居　こちらの『志摩観光ホテル ベイスイート』は2008年10月10日にオープンしました。

渡辺　これを作った意味というか、コンセプトは何ですか。

鳥居　『クラシック』を、改装したかったんですけれども、村野藤吾《むらのとうご》さんという建築家の作品で、設備的には最新のリゾートホテルには後れを取ってしまいましたが、あの風情を壊さないでほしいとか、この雰囲気が好きだというお客様の声が非常に多うございまして、むやみやたらに変えることができませんでした。今の時代に強引に改装して中途半端なものを作るより、新しいコンセプトで同じ敷地内に別のホテルを作ろう、ということになったのです。

渡辺　『クラシック』ができたのはいつでしたか。

鳥居　『クラシック』の建物の右に赤い屋根の建物があります。あそこが昭和26年です。

渡辺　まだ戦後、間もないときですね。

鳥居　そうですね。国内に洋風のリゾートホテルを作ろうという流れの中で、この伊勢志摩に国際レベルの施設を建てるのが最初にあったようです。ここは真珠の産地です。1ドルが360円の頃、外国人が真珠をどんどん買いに来られていたようです。

渡辺　そうか、ここは真珠の産地なんだね。

鳥居　そうですね。

渡辺　じゃあ、あの山ぎわに見える『クラシック』の本館は、できて何年になるの。

鳥居　1969年、大阪万博に合わせて建てられました。

渡辺　大阪万博というと、42年前か。この場所は真珠もあるし、海も見えて、風景もよい。当時からここは近鉄のエリアだったわけですか。

鳥居　そうです。昭和26年は、宇治山田からボンネットバスで来られていた時期もありました。もう本当に秘境の秘境という感じでした。

渡辺　なるほど。それでこの新館、『ベイスイート』が作られたのは、現代の、新しい感覚でもうひとつというわけで。

鳥居　はい。『クラシック』は満室時には、230名様ほどのお客様です。『ベイスイート』は満室でも50室ですから、こぢんまりとした人数・規模でサービスをし、食べていただきたい料理をお出ししたい、というコンセプトです。

渡辺　まず部屋が非常に広い。廊下も緩いカーブで、なかなかおしゃれで。

鳥居　そうですね。

渡辺　僕の部屋は3003号室でしたけど、このクラスは大きいほうの部屋なんですか。

鳥居　あれが標準タイプの大きさです。バルコニーも入れて約100平方メートルでございます。『クラシック』は日本の建築界の重鎮のデザインですが、『ベイスイート』はアメリカのデザイン事務所にお願いしました。『クラシック』との差別化もあります。

渡辺　あの部屋だと、英虞湾《あご》に向かって大きな机も置いてあって、原稿も書ける。リビングにある円形のテーブルは、ルームサービスで朝食などを食べるためかな？

鳥居　はい、お食事を食べていただくテーブルです。

渡辺　標準の部屋にあれだけ揃っているのは、珍しい。

鳥居　志摩に来て、ライティングデスクがいるのかという議論もありましたけれど。

渡辺　僕はありがたかった。あれなら泊まりがけで原稿が書ける。

鳥居　今はありませんですが、かつて『クラシック』には、山崎豊子《とよこ》先生が執筆された部屋がありました。

渡辺　『ベイスイート』は料理も『クラシック』とは違うんですか。

宮崎　『クラシック』の「ラ・メール クラシック」では、海の幸、素材本来の魅力を楽しんでいただける、そういうストレートな料理を作らせてもらっています。

渡辺　こちらは？

宮崎　『ベイスイート』の「ラ・メール」はもう少し進化させたフレンチです。中心となる素材そのものは、伊勢エビやアワビなどの海の幸で同じですが、今の嗜好《しこう》を入れて、野菜も豊富に取り入れ、目でも楽しんでいただける料理にしました。どちらもお客様の心の満足感を重視するのは同じコンセプトですが、表現方法を変えています。

全室約100平方メートルのスイートルームから見渡せる真珠の海、
英虞湾の夕暮れは、たとえようもないほど美しい

進化した海の幸フランス料理「ラ・メール」で人気のスープ

特産のクロアワビのステーキは、〝志摩観〟の名を全国的に有名にした逸品

渡辺　ここ、志摩半島はアワビが有名だけど、あれはいつからどうして有名になったんですか。
宮崎　私が昭和43年に入社いたしましたときに、メニューに今の原型のようなアワビのステーキがございました。
渡辺　その頃はステーキだったんですか。
宮崎　はい、名前はアワビステーキでした。
渡辺　アワビのステーキって、今はステーキ屋さんでも出すところがあります。
宮崎　アワビそのものをただ焼くのではなくて、大根と一緒に約3時間ほど下ごしらえをして炊いています。その後、粉をつけてバターで焼いております。そうしたものが私たちのアワビステーキです。
渡辺　まず下ごしらえが違うと。
宮崎　はい。
渡辺　僕は北海道の出身だから、アワビを生でたくさん食べてきたので、単純に焼くとか、刺身とかで、おいしいことはわかっているけど、こちらは手をかけ、フランス料理にしている。アワビをフレンチに使ったのはここが初めてかな。
宮崎　そう聞いています。神様に、伊勢神宮に奉納された由緒あるアワビですから、料理の素材としては昔からございました。
鳥居　フランス料理自体にアワビを使うのはあまりございませんでしたね。
宮崎　というのは、フランス、イギリス、イタリアでは、あまりアワビを食べる習慣がございません。カナダとアメリカでは多少食べる習慣がございますが。それを先輩の歴代の料理長がいろいろな方法で料理して、アワビステーキそのものも進化してきたと思います。
渡辺　アワビはこの外海で獲るんですか。
宮崎　この英虞《あご》湾の中では獲れません。外海に面したところです。
渡辺　ほかで獲れるアワビと、ここのとは違うのかな。
宮崎　アワビは、コンブかワカメが育つ海でないと獲れません。三重の伊勢湾で多く獲れた理由は、北は鈴鹿《すずか》山系、南は大台ヶ原《おおだいがはら》山系、そしてその間にある伊勢神宮の森が関係しています。雨の多い三重県で、その山の養分が海に流れ出して海を豊かにしています。
渡辺　豊かというのは、海べりに海藻ができること。
宮崎　はい。そこでいろいろなものが育まれています。

その中のひとつがアワビです。

渡辺　ほかの日本のいろいろなところでもアワビは獲れるけど、それとはちょっと違うと？

宮崎　はい、三陸や北海道で獲れるエゾアワビとも違いますし、暖流系のマダカアワビ、メガイアワビではなくクロアワビを使っています。

渡辺　クロアワビってどういうものですか？　見た目が黒いんですか。

宮崎　私どもは顔といっていますが、表面が、ちょっと黒っぽい色をしております。マダカアワビやメガイアワビは同じ海に育つのですが、クロアワビに比べて表面が白っぽいんです。とくに伊勢志摩のアワビが有名になりましたのは、伊勢神宮に奉納しているという謂《い》われからです。倭姫命《やまとひめのみこと》が、伊勢神宮へ神様のお食事として奉納する食材を集めるために諸国を旅されたとき、伊勢の地、鳥羽の国崎というところを訪れました。そのときに、湯《ゆ》貴《き》の潜女《かづきめ》とよばれた海女《あま》がたてまつったアワビをたいそう喜ばれ、それから毎年、伊勢神宮に奉納されるようになったと聞いております。

渡辺　倭姫の伝説は、初めて知りました。

宮崎　今でも、毎年、生のアワビと、それから熨斗《のし》アワビという、身取《みとり》アワビと玉貫《たまぬき》アワビを加工したものも伊勢神宮に奉納されます。

渡辺　料理でお客さんを呼べるホテルってそう多くはないと思う。あそこのホテルの、あの料理が食べたいっていうような。とにかく、これからも伊勢志摩という土地とおいしい料理があるホテルとしてがんばってほしいね。

海石榴《つばき》――「泊まれる料亭」と万葉の湯

［神奈川県・湯河原］

『海石榴』は和の雰囲気を壊さないベッドや露天風呂を備えた部屋、さらに本格的なスパも設けて和洋、両者のよさを巧みにとり入れている。ここで温泉に入ってエステを受け、日頃の疲れを癒《いや》し、深い静寂の中で美味なる料理をいただき、庭を眺めていると改めて今、自分が自然のなかに抱かれていることを実感できる。

大女将
齋《さい》藤《とう》朝《ちょう》子《こ》×渡辺淳

原点回起の『海石榴』

渡辺　奥湯河原《おくゆがわら》って、かなり遠いかなと思ってしまうけど。
齋藤　全然遠くなかったでしょ。
渡辺　熱海《あたみ》から車で来るとすぐだね。
齋藤　15分ぐらい。
渡辺　しかも山の奥深さがよくわかる。
齋藤　そうなんです。晴れてると、本当に山が見えていいんです。
渡辺　『山翠楼《さんすいろう》』はこの向こう側にあったんですか。
齋藤　先生がお泊まりになった『山翠楼』はすぐ隣です。土地は続いております。『海石榴《つばき》』が今31年目ですから、多分27年ぐらい前にお越しいただいたんです。
渡辺　女将さんは、他所《よそ》からここにお嫁さんに来たんですね。
齋藤　間違って来てしまって。
渡辺　どこにいたんですか。
齋藤　生まれは東京の新宿ですが、戦災で丸焼けになりまして、鵠沼《くげぬま》にある別荘にずっとおりました。
渡辺　あなたはこの家に望まれて、湯河原に来たと。
齋藤　さあどうだったでしょうか。学生でしたから(笑)。
渡辺　学生で？
齋藤　はい。
渡辺　ここに拉致《らち》監禁されて、そのまま(笑)。それにしても、いきなりこんな大きい旅館をやらされて大変だったでしょ。
齋藤　最初は『山翠楼』だけでした。あの当時、昭和35年から36年は団体旅館全盛で、オリンピックが開催されるので、旅館がみんな大型化していきました。私が結婚した頃、みな建築中でしたね。それで、ちょっと反省したんです。旅館ってこんなものじゃない、ということになりまして、たまたまこの『海石榴』の土地が更地《さらち》でしたので、では本当の旅館を建てようと昭和53年に作ったんです。
渡辺　同じ湯河原でも、前からこの『海石榴』は別格という感じがあったなあ。高級名旅館っていう。いろんな雑誌にも出てみんなの憧れの旅館だった。奥湯河原も団体など、たくさん入れる旅館はいっぱいあったでしょう。
齋藤　熱海にも大型の旅館はたくさんありまして。『山翠楼』が戦前の昭和8年からですから、当時の旅館は、お客様がいらして、何日もゆっくり滞在なさって静養なさるところでしたが、まったく違う形態の旅館になってきました。それは違うのではないかと思いまして、私が素人だから、料理主体の旅館を作ってしまったんです。

渡辺　それが個性っていうか。名旅館の元になったんだねえ。

齋藤　偶然ですね。

湯河原ゆかりのツバキ

渡辺　ある意味、お嬢様のお遊びでやったのがうまくいった。それにしてもこの名前、「海石榴」という漢字、なかなか読めない。

齋藤　先生はよくご存じでしょうけど、『広辞苑』には載っております。万葉集にも何ヵ所かあります。「海石榴」は中国がつけた漢字です。木へんに春の「椿」は日本で作った漢字。

渡辺　頑固に変えないわけだね。

齋藤　ツバキというのは湯河原にゆかりがあって、大観山椿ラインがすぐ近くですが、そのほかに椿寺もございます。もともとツバキがこの土地に合うのかもしれません。主人も私もツバキが好きで集めておりました。

渡辺　桜の後に咲くんですか。

齋藤　前に咲きます。本当をいうと秋から咲いてます。ツバキには秋から咲く種類があります。

渡辺　カンツバキっていうのもあるから、そうだね。冬も咲いている。

齋藤　ワビスケも12月から咲きますし、秋にはまたいろいろ違う秋の種類がありますので、夏以外は咲きますね。一番の盛りは3月です。

渡辺　ワビスケも咲くの？

齋藤　はい。ワビスケもたくさん種類があるんですよね。

渡辺　白っぽいのしか知らないけど。「侘助《ワビスケ》」という名前が好きで、小説『ひとひらの雪』に使ったことがある。

齋藤　白いのはシロワビっていうんですが。あとはコチョウワビスケとか、スキヤワビスケとかいろいろあります。ひそやかで、けなげに咲いているところがいいですね。

泊まれる料亭というコンセプトの元に季節の京懐石料理がゆったりと楽しめる

器、しつらえ、料理、旨い酒、そしていいお湯、清々しい景色とすべてが完璧

渡辺　凛《りん》としている。

齋藤　ここを作ったときには、普通の旅館が1泊4000円ぐらいのときに、1万9000円ぐらいでした。とにかく法外なもので、旅行業者にも、「そんなお客さんいないよ」っていわれて、2、3年は苦労しました。

渡辺　それがけっこう増えてきた。客が来るようになったのは口コミですか。

齋藤　そうですね。コンセプトは「泊まれる料亭」なんです。

渡辺　料亭で、泊まれるっていうのはいいな。

齋藤　たまたま温泉地ですから、お泊まりもどうぞ、という姿勢で始めた意気込みはよかったんですけど、実際には……。

渡辺　料亭だけにしなかったところがすごい。

齋藤　昔はお客様がおいしいものを食べに旅館にいらしたのに、今は何だと。主人が旅館の息子ですから、昔の姿を知っていて、そういう旅館にしようということになりました。会があっても忙しい方は、夜、二次会が終わってから東京に帰られますね。

渡辺　帰れるんだ。

齋藤　ここですと大体10時ぐらいに二次会が終わります。1時間で帰ることができますから、都内でグズグズしているよりいいんです。そこが先生、泊まれる料亭なんですよ。

渡辺　帰ることもできると。その気軽さもいいと。ところで、ここの温泉の泉質は？

齋藤　単純弱塩泉です。ちょっと塩気があるので肌がつるつるしますでしょ。塩分があると温まるので、腰痛とか、傷とかに効きます。

渡辺　僕は、ずっと五十肩なんだけど。

齋藤　五十肩？

渡辺　年をとっても六十肩とか、七十肩と増えていかない。四十肩から五十肩にはなるけど。

齋藤　便利な病名ですね。

渡辺　そうなの。さっき温泉に入ったからかな、少し快《よ》くなったような気がしてきた。

齋藤　入られて肩を回したりするといいかもしれません。2、3日滞在なされば、だいぶ快くなりますよ。

渡辺　こういういいお湯につかっていると、年をとらないのかな。

齋藤　それは強調していただいて（笑）。温泉がいいのはたしかです。
渡辺　ここに、洋間はあるんですか。
齋藤　ええ、ベッドの部屋も作りました。
渡辺　年をとってくるとね、やっぱり洋間のほうが楽なんだよ。
齋藤　そうですね。日本人が今はそういう生活ですから、日常を離れるといっても、利便性はやっぱり大事なので。だから和の雰囲気を壊さないベッドの部屋を考えました。30周年を記念しまして。
渡辺　じゃあ東京のお客さんが圧倒的に多いんですね。
齋藤　圧倒的です。90パーセントを超していると思います。それと女性のお客様も多いですね。50代、60代の。
渡辺　今日も風呂に行くとき、年配の方にずいぶんお会いした。
齋藤　改装しましたときに、本格的なスパを備えて、そういうお客様にも喜んでいただいています。
渡辺　それはいいね。
齋藤　温泉に入って、スパでいつもの疲れを取っていただいて。
渡辺　おいしいものを食べて。
齋藤　景色を眺めて。
渡辺　温泉旅館って、人間が「休め」の姿勢をとるところかもしれないね。会社に行ったときは、「気をつけ」しているようなものだから。
齋藤　先生、改めてゆっくりいらしてください。
渡辺　ひっそりと来ます（笑）。

※齋藤朝子さんは、大女将として『海石榴』をきりもりしていたが、現在は、後継者にその職を譲り、「大女将のおもてなしの心」を今も提供し続けている。

第五章　目的別に選びたい、居心地のいいホテル

ザ・ペニンシュラ東京 ―― 日本に学んだおもてなしの心

［東京・日比谷］

『ザ・ペニンシュラ東京』は、都内でも最良の場所にある。

まず銀座が近いし、東京駅も近い。電車や地下鉄のアクセスもいい。

加えてさまざまなレストランやデパート、そして歌舞伎座、宝塚劇場、帝国劇場などの劇場も、出光、三菱一号館などの美術館も多い。

さらに加えて、緑の彼方に皇居を望むこともできる。

まさしくここに憩うと、今、自分が日本の最中枢で自ら癒《いや》されていることを実感できる。

総支配人
マルコム・トンプソン×渡辺淳一

緑の海と銀座の灯

渡辺　このホテルの一番いいのは眺望ですね。

トンプソン　今まで、おそらくどなたもご覧になられたことのない景色じゃないでしょうか。

渡辺　日本人には、ついこの間まで皇居を見下ろすという発想はなかった。それなのに商社や公務員共済の高層ホテルが周りにどんどん建ってしまって。

トンプソン　皇居の中は見えないんです。見越しているといいますか、宮殿やお庭が見えるわけではありません。

渡辺　はるか彼方で、しかも緑が多くて、とてもとても見えないということが、宿泊してわかりました。皇居ってこんなに広いんだってことも。

トンプソン　広大な緑がミステリーな安全を作っています。同様にこのホテルの部屋から日比谷公園が見えることも、とてもいいことだと思います。新緑、紅葉など季節の移り変わりを感じることができる場所です。

渡辺　そして、反対側には夜の光で賑わう銀座が見える。

トンプソン　多くの方が銀座の景色を見たいとリクエストされます。

渡辺　皇居側の緑豊かな静まった風景と対照的で面白い。

トンプソン　銀座側は東京湾も見えるので、それもとても印象的な景色です。

渡辺　この場所、今まで何が建っていたのか、記憶にないね。

トンプソン　前は日比谷パークビルという商業施設ビルでした。その前は、日活ホテルです。石原裕次郎さんが結婚披露宴を行ったホテルです。この場所はホスピタリティ、おもてなしの心の歴史がある場所なんです。インテリアデザイナーの橋本夕紀夫《ゆきお》さんは、空間をうまく作ってくださって、ロビーに入ったときに、まるで、ブティックホテルにいるような感覚で、それなのに３１４もの部屋があることに、皆さん驚かれます。

渡辺　そう、ロビーは非常にコンパクトですね。ところで、ブティックホテルっていう言葉があるけど。

トンプソン　部屋数２００室以下の小さいホテルをいいます。橋本さんは、全体的に温かい雰囲気を作り出していて、とくに絨毯《じゅうたん》や部屋の色ですね。日本の方々はこういう温かい色味を見て、温かい心を感じますので、そういうふうに作ってくださいました。

渡辺　たしかに全体のトーンが柔らかい。
トンプソン　素材にもこだわっていて、寝室のプライバシードアもトチの木の一枚板を使っています。
渡辺　泊まってみて、いろいろ木の感触を生かしているのがよくわかりました。
トンプソン　五感に訴えるものを作ってくださっています。日本人は見ることですとか、香ること、触ることで非常に趣を感じる方たちなので、そういうことに大変配慮しております。
渡辺　このホテルのすぐ近くに『帝国ホテル』があるでしょう。あそこと競合するかと思ったんだけど、まったく違うコンセプトですね。そういう意味でも、ぶつかり合わない。
トンプソン　違う特性を持っています。帝国ホテルは、1000以上の客室をお持ちで、もちろん歴史も100年以上あるとても素晴らしいホテルです。とくに日本人の方は、『帝国ホテル』が一番いいホテルだという認識があります。私たちもザ・ペニンシュラホテルズ全体のビジネスとしては、長い歴史を持っていますが、東京ではまだまだです。ここにお泊まりのお客様が、『帝国ホテル』のレストランに行かれたり、もしくは『帝国ホテル』のお客様が、『ザ・ペニンシュラ東京』のレストランやバーにいらしたり、現状ではお互いに行き来ができていると思っております。
渡辺　日本人の一般的な、多くの人のホテルへのイメージは、大きくて豪華で、非日常の施設である、という感じではないでしょうか。
トンプソン　ホテルにとって大切なことは、やはり温かい心。フレンドリーなおもてなしです。ウェルカム、「ようこそ！」といえるような、そういう雰囲気を接客で作ることが大切だと思います。
渡辺　今、総支配人がいわれたようなことは、新しい感覚でね、こういう感覚のホテルが増えてほしいね。

家庭と同じリラックス

トンプソン　サラリーマンの方にも、ハイエンドなリッチな方々にも、両方ともにアピールができないといけません。ホテルというのは、温かいおもてなしが、どういう方々に対しても同じでなければいけないと考えていま

ガラスばりの明るいプールに浮かんでいると、
ここが東京の真中であることを忘れてしまう

す。たとえば周辺のOLの方が、アフタヌーンティーを楽しみにいらっしゃっても、チェックインをされるお客様と同じサービスを提供することが大切です。

渡辺　リラックスした家庭の延長のような感じをね。

トンプソン　私にとって、そういわれることは一番嬉しいことです。来ていただいたお客様に、まさに家にいるような感覚を作り出すことが、われわれの大切な仕事だと思います。

渡辺　そこは意外に気づいていない。ほとんどの人はホテルに対して、大変高くてね、ちょっと普通じゃ行けない、よほどきちんと盛装して行かないと、と思い込んでいる。『ザ・ペニンシュラ東京』に行こうなんていったら、もうドレスアップしてと。

トンプソン　たしかにラグジュアリーなホテルではありますが、ビジネスマンの方々は国内外問わず、毎日飛び回っていらっしゃって、忙しいさなかに来ていただいたときは、せめてご自宅にいるようにリラックスできる、そういう環境を作りたいんですね。

渡辺　そのあたりは、よく宣伝したほうがいい（笑）。ただ、ここでちょっとどうかな、と思ったのは、あらゆる表示が英語で、部屋にもいろいろな機能がいっぱいあるんだけど、まず英語がわからないと。

トンプソン　それは間違いを犯してしまったと思います。泊まったゲストからいろいろなコメントをいただくのですが、その中で、ベッドサイドにあったコントロールパネルの表示が英語だけで、バイリンガルにしてほしいと指摘されました。さっそく改善しました。

渡辺　ガイドブックも英語だし、しかも字が小さい。

トンプソン　お客様の声を聞くのは、非常に重要です。それでこそ改善ができるのです。

渡辺　それは、素晴らしいことですよ。日本人で地方から東京に泊まりがけで来る方は、けっこう熟年夫婦のお金持ちが多いですから。

トンプソン　そういう方たちに向けてサービスを充実するのは、とても大切だと思います。とくにこのロケーションにこだわって滞在される方は、やはり銀座に行かれるような成熟している大人の方たちが多いため、とくにフロントやお客様から見える場所の人材には、非常に気をつけました。成熟された大人の方たちに、安心感を持っていただけるように入ってすぐのロビーには、50代のスタッフを立たせたりしているのです。

渡辺　僕はこの前、デラックスルームの部屋に泊まったんだけど、ベッドルームとは別に、もうひとつドレッシングルームがある。それがかなり広くて、今までの日本のホテルにはなかったもので、とてもいいと思いました。

トンプソン　機能的で便利な感じですね。

渡辺　たとえば、ご婦人は朝の髪のセットとか、ドライヤーを使ったりするので、音がけっこううるさい。でもドレッシングルームがあると、お互い気を遣わずに眠りたい人は眠れる。日本のホテルに、ああいう余裕のある空間はなかった。

トンプソン　プライベートな空間を演出するのにとてもいいスペースですね。

渡辺　それとね、バレットボックス。あれは日本では見かけないね。

トンプソン　もともと『ザ・ペニンシュラ香港』で始めたサービスですが、今ではいろいろなホテルで採用されています。最初は靴を磨くために、靴の引き渡しをするボックスでした。今では、クリーニングなどさまざまな用途に使います。

渡辺　原稿のファックスでも、ボックスに入れれば、事足りるんだもの。それから新聞も、日本のホテルの多くはドアの横や下から入れるけれども、あれも味気ないから。

トンプソン　バレットボックスは、皆様に大変好評をいただいています。

東京の真ん中で憩う

渡辺　灯籠《とうろう》のような外観のデザインはよかった。

トンプソン　晴海《はるみ》通りを三宅坂《みやけざか》方面から銀座に向かって真っすぐ来ると、『ザ・ペニンシュラ東京』の建物が光っていて、それが灯籠のように見えて、とても印象的だと思います。最近の新しいホテルは複合施設の中にありますが、私どもは一棟丸ごとのホテルのよさです。

渡辺　そうそう。景色のいいプールとスパがあって。あれは贅沢だね。

トンプソン　全体的なコンセプトは曲線的なイメージで、「ＥＳＰＡ《エスパ》」というスパのコンサルティング会社が入っています。ヨーロッパではもっともいいトリートメント

バスタブにつかりながら見られるフラットテレビが付いているのが嬉しい

ドレッシングエリアのある、和がアクセントになったスーペリアルーム

ホテル内の広東料理「ヘイフンテラス」はミシュランの一つ星を獲得、
蘇州庭園をイメージした落ち着いたインテリアの中で上品な料理が味わえる

を提供するところですが、日本の東洋的なものと融合するのが非常にユニークです。ゲストが一番驚くのはプールだと思いますね。緑が見えて、お堀が見えて、東京の真ん中にあるという。やはり、コンセプトとしては、リラクゼーションの場を作ることです。フェイシャルマッサージとか、ボディトリートメントを行うことによって、この東京の真ん中でリラックスした時間を過ごしていただこうと。スパトリートメントは予約していただければ、宿泊しなくても受けられます。さまざまなプランもご用意していますので、ぜひ体験していただければと思います。宿泊して、「Peter」でご飯を食べて、次の日にはスパのトリートメントのご予約をされる、そんな楽しみ方をなさるOLのお客様がけっこういらっしゃいます。仕事を終えられてからスパでゆっくり疲れをとって、すっきりしてまた明日への活力を養っていただくのも、いいですね。

渡辺　バーも景色がよさそうですね。ここは銀座のクラブ街が近いけど、女性も来たがるでしょうね、夜のバーに。

トンプソン　24階の「Peter」のバーもほかのレストランもすべて外からのお客様もウェルカムです。バーは24階にありますので景色はすごくいいですし、空間としてこぢんまりとしていますので落ち着いていただけると思います。2階にあります中国料理の「ヘイフンテラス」も、おいしいと好評をいただいています。日本人は中国料理がお好きなので、ぜひ召し上がっていただきたいです。もちろん日本料理もあって、京都の名料亭「つる家」が入っています。

渡辺　支配人は、日本の文化とか、伝統的なもので、何かお好きなものはありますか。

トンプソン　日本の歴史の本を読んだり、旅行して文化についていろいろ発見することとか、旅館に泊まるのも好きです。骨董《こっとう》市に行ったり、フリーマーケットにも行ったりしています。箱根とか伊豆とかも印象的でした。

渡辺　僕は北海道の札幌の出身なんですが。

トンプソン　とても奇麗な都市ですね。スキーのシーズンと夏に行きました。

渡辺　トンプソンさんは、ずっとこういうホテルに携わってこられたのですか。

トンプソン　35年間、そしてたぶんキャリアが終わるまで、ホテルというものにかかわると思います。いろいろな国のいろいろなホテルで働けることが、ラッキーだと思っています。でも、何よりも一番いいのは東京です(笑)。
最初に日本に来た時は、サービスマンとして非常にユニークな経験をしました。日本のお客様というのは、西洋のお客様と比べて、サービスに対して望むレベルが高いんですね。行動する手前のもの、たとえば、態度ですとか、そういうところを日本の方は望んでいることがわかりました。何かを出すとか、何かを置くとか、そういうアクションの手前のものです。そこがとても重要だと感じました。手前を考えること、その経験がその後、大変役立ちました。

渡辺　日本人って、今、東京人を中心にいっているような気がするんだけど、大阪人はかなり違いますよ。誰にでもすぐ話しかけるしね、陽気で楽しい。日本の中でもエリアによって違うね。

トンプソン　でも、日本人全般的にサービスに関しては、サービスの質がどんどん高くなっていきます。必然的に西洋より高いところに期待値を置いています。

渡辺　ホテルの支配人って大変だと思うんです。24時間何かがあって心休まる暇がないでしょう。

トンプソン　私にとっては小さくてシンプルなことですが、そのお客様がチェックアウトのときに、ありがとう、といってくださって、ハッピーに旅立って行かれること、これがすごく重要です。西洋の方でも、日本の方でも、そういうことは変わらないですから。ぜひ、渡辺さんには、次の作品で外資系のホテルを舞台にいろいろと書いていただきたいですね。情熱的なお話の、小説を書いていただければ……。

渡辺　ロマンチックなストーリーをね（笑）。

ベネッセハウス――「よく生きる」ことを考える場所

［香川県・直島］

ベネッセという言葉は、ラテン語で「よく生きる」という意味だという。

「よりよく生きる」ではなく、「よく生きる」というところに爽やかさを感じる。

美術館に泊まるという贅沢、瀬戸内海の島という閉ざされた空間が、かえって想像力を羽ばたかせ、夢をかきたてる。

『ベネッセハウス』を含めた「ベネッセアートサイト直島《なおしま》」は、一人ひとりが自分自身の「よく生きる」を考える場所にしたい、という経営者の思いが、ひとりの匠《たくみ》の才を得て、ここに鮮やかに結実している。

副総支配人
清水《しみず》かほる×渡辺淳一

不思議な空間

渡辺　今、ホテルは何室ありますか。

清水　65室ございます。

渡辺　そんなにあるんですか。

清水　最初、ミュージアム棟に10室とレストランとカフェ、ライブラリーができまして、1995年にオーバル棟に6室できました。そして2006年の5月に、パーク棟とビーチ棟の49室が加わりました。地中美術館ができて、いっそうお客様が増えたものですから。

渡辺　外から見ると、そんなに大きく見えませんね。建物が広い敷地に点在しているからかな。

清水　そうですね。2泊、3泊されるお客様は、各棟に1泊ずつ、部屋を替わって宿泊される方が多いです。すべての部屋にアートがありますので、違うものを楽しまれます。

渡辺　全部違う人の絵ですか。

清水　違います。とくにオーバル棟には、アーティストが直島でインスピレーションを得て、壁に作品を直接描いている部屋もございます。たとえば、スイートルームのデイヴィッド・トレムレットの作品とか。その部屋に泊まりたいと、指定していらっしゃるお客様が多いです。

渡辺　今の状態で完成したのはいつですか。

清水　2006年の5月です。

渡辺　PRとか、露出が少ないですよね。

清水　あまり宣伝はしておりません。

渡辺　安藤忠雄《ただお》さんの建築だから有名になったけど、女性誌とかには？

清水　ここ数年、露出は多くはなりましたが、そんなにたくさんやってはおりません。というのは、これだけの小さい島ですから、まず、島の方と共存していくことが一番大切だと思うのです。今でも年間に35万人以上の方が来られます。もちろんたくさんの方にいらしてはほしいんですが、アートが好きな方とか、建築が好きな方に、ゆったりと過ごしていただきたいと思っています。

渡辺　あまり押し寄せて、島の人に迷惑をかけても困ると。

清水　家プロジェクトを展開している本村地区は小さな集落です。あそこもゴールデンウィークや夏休みになるとものすごい人出になってしまいます。直島がディズニーランド状態になるぐらい人が押し寄せます。あまり宣伝していなくても、これだけの人に来ていただけるとは、私たちも驚いているんです。

渡辺　口コミですか。

清水　そうですね。2000年にアメリカの『トラベラー』という雑誌で、世界で7つの見に行くべき現代建築のひとつに、直島のベネッセハウスオーバルが選ばれ、そういう関係もあるのでしょうか、海外の方も多く来られます。

渡辺　国でいうと、どこの人が？

清水　世界各国からいらっしゃいますが、数でいうとアメリカ、それから韓国が。最近はヨーロッパの方、この春はとてもオランダの方が多いのを感じました。フィンランド、ノルウェーの方が、先月は多かったですね。

渡辺　これまでもこのシリーズの対談で、外国のお客さんが多いホテルや旅館を見てきたけど、その中でここだけは〝和〟の雰囲気がない。日本の伝統的文化がないけど、外国の人に人気があって面白い。

清水　ここに泊まって、ベネッセアートサイト直島エリアから出ると、こんどは日本の原風景というか、昔ながらの田舎の風景がそのまま残っていますので、それを楽しんでくださっています。

渡辺　現代と中世の混合の面白さか。

清水　ここに来て思ったのですが、島の皆さんがとても奇麗に暮らしていらっしゃるんです。自分の家の周りに花を飾っていたり、掃除もよく行き届いていて。普通のお宅ですけど、観光客が多い土日は木戸を開けて、入っていくとお茶をごちそうしてくださる。そういう古き時代のよさがたくさんあります。

渡辺　それにしても、町の中にある民家を使ったアートで、最初に見た家……。

清水　「角屋《かどや》」ですね。家プロジェクトの第一弾で、宮島達男さんの作品です。

渡辺　外側は昔の伝統的な日本家屋だけど、入っていくと、床に、突然、1、2、3、4、5と原色の数字のアートが出現してびっくりする。

清水　あれは本当に驚きます。

渡辺　古い外観と現代アートの意外性が面白い。数字の点滅の速度も違って、不思議な空間だったなあ。

清水　それから、島の方が参加してアートを作ったとい

「自然、建築、アートの共生」をテーマに、美術館とホテルが一体となった施設として開館。
ホテルは「ミュージアム」「オーバル」「パーク」「ビーチ」の４棟、設計は安藤忠雄氏

ジェームズ・タレル『オープン・スカイ』2004 ナイトプログラム
（写真・藤塚光政）

うところも面白いです。今では家プロジェクトが定着してきましたが、現在のように島の方たちの中にアートが溶け込むまで、10年かかっているんです。

渡辺　変なもの作られては迷惑だと。

清水　最初は「いったい何をしているんだろう」という方が多かったみたいです。でも、アーティストたちが実際やって来て、苦労しながらいろいろ考えて、作品を作り出していると、遠巻きに見ていたおじさん、おばさんたちが、あんなに大変なんだから、ちょっと手伝おうかと交流が始まった。ここにあるほかの作品も、町の人たちが参加したり、アーティストを支援したりして作ったものがたくさんあります。そういうところは現代アートにしかないものだと思います。

渡辺　観光客が来ることで、島の人も元気になって、変わったこともあるでしょう。

清水　お年寄りが元気な町がいいと、ベネッセアートサイト直島の代表の福武總一郎がいつもいっています。若い者は何もしなくても元気だから、お年寄りが元気な町がいい町だと。たしかにそれが今、実証されつつあります。アートの力はすごいなと思います。島の方たちがボランティアで観光ガイドをしてくださるんですが、その平均年齢が70歳です。皆さん、最初はアートに興味がなかった方たちでした。でも、今では「現代アートは……」と語っていらっしゃる。直島の歴史とアートのこと両方聞くことができて、すごく楽しいですよ。

渡辺　若い人が直島に憧れて引っ越してくるかもしれないね。

清水　実際そのような方も増えています。直島から船で40分ぐらいのところに岡山県の犬島《いぬじま》があります。そこは、現在は50人ぐらいしか住んでいない島ですが、煉瓦《れんが》づくりの精錬所が廃墟として残っていたのを美術館にして、2008年4月27日にオープンしました。環境に配慮した、エコの美術館です。また、2010年の「瀬戸内国際芸術祭」では、瀬戸内の7つの島と高松港周辺で、行政と一緒になって国際的な現代アートの祭典を行いました。

渡辺　なるほどね。ここは岡山からも近いのかな。

清水　宇野、昔、瀬戸大橋がなかった時代、宇高連絡線で賑わっていた港ですが、そこからだと20分程度です。そちらからいらっしゃるお客様が多いです。直島を岡山県と思っていらっしゃる方もいるほどです。新幹線の方は岡山から、飛行機の方は高松からいらっしゃいます。

現代アートの力

渡辺　結婚式も挙げられるんですか。

清水　大がかりなものはできませんが、要望が多いので、こぢんまりとしたものはやるようになりました。

渡辺　これから、そういうのが増えるかもしれないね。

清水　そうですね。パーク棟のテラスで先日、結婚式がありました。よかったですね。

渡辺　地中美術館で結婚式をやれたら面白いよ。さっき観た、霧がかかったような幻想的なアート空間からふたりが登場する。

清水　結婚式はできないのですが、光を知覚する作用といいますか、感覚を利用している非常に面白いアートですね。『オープン・フィールド』というジェームズ・タレルの作品です。

渡辺　最初は青い一枚の絵のように見えたのに、先に進むと不思議な空間があって、違う世界に連れてこられた

直島のシンボル、草間彌生作「南瓜」。ベネッセハウスビーチ先の桟橋の上にある

ような感じで。

清水　皆さん、びっくりされます。

渡辺　自然光を上手く使ってモネの睡蓮の絵を展示していたり、建築家の安藤さんの個性と空間がうまく調和しているね。

清水　光はずいぶん意識して作っています。

渡辺　ここは真冬も暖かいんでしょ。

清水　そうですね。マイナスになることはありません。5、6度でしょうか。とても寒いときが2、3度です。でも、海風が吹きますので、体感温度は低くてけっこう寒いんです。風もかなり強いですが、その代わり空気が奇麗になり、対岸の高松の街の明かりがすてきに見えます。冬は、海もとても奇麗ですね。私は、冬の直島のほうが好きです。古い民家を改築したところに住んでいますが、天井を取って梁《はり》だけにしているので、寒いですよ。すごく寒いんですが、夏はその分涼しい。やっぱりこういうところの家は、夏に涼しいようにできているみたいで、冷房を入れたのが去年は1日か2日でした。

渡辺　すき間風が入って？

清水　すき間風は自由自在です（笑）。でも、直島ならではの生活で楽しいです。

渡辺　東京とはまったく違うからね。

清水　魚がとてもおいしいです。こういう小さな町は人と人との交流があって、釣りをしている人に魚をもらったり、近所の方から野菜をあげるよ、といわれるので、なかなかいい生活です。

渡辺　外からうかがい知れないところに、美術館があるから、地中美術館というわけで。周りもずいぶん変わったのでしょう。

清水　緑が増えました。あと10年ぐらいたつと本当に森に埋まってしまうと思います。私が初めて直島にまいりましたとき、瀬戸内海に厚くもやがかかっていて、何も見えなかった。でも、ずっと見ていると、何も見えないもやーっとしているのもいいなと思えてきたんです。直島の人に聞くと、瀬戸内海はいつもそうなんだっていわれました。ジェームズ・タレルもやはり、瀬戸内海のもやは非常に神秘的だと、それを意識して作品を作ったと書いています。彼の作品は光をテーマにして作っています。今日ご覧になっていただけなくて残念だったのですが、地中美術館の『オープン・スカイ』という作品のナ

屋外に置かれたアートは、ニキ・ド・サン・ファール作。その名も「腰掛」

イトプログラム（予約制）も素晴らしい。日没にかけての空の色の変化をゆっくり眺めるプログラムですが、人の眼の網膜の補色の作用を利用していて、壁がピンク色になると、空がブルーに見える。そして、壁が緑だと今まで真っ暗だった空が赤に見えるという、不思議な作品。ぜひご覧になっていただきたいです。

渡辺　地中美術館はアートというよりは、人間の視覚とか、実感とか、そういうものに衝撃を与えるというか、怪しさをかもしだすというか。トリックのような気がしてしまう。正直、あれがアートか疑問はあるんだけど、我々の目とか聴覚とかに心理的な揺さぶりはかけられるね。それをアートと呼ぶのかな。

清水　多分、それが現代アートの醍醐味《だいごみ》だと思います。

渡辺　心地いい人にはいいんだろうね。

清水　見る人見る人で感じ方も違いますからね。

南西楽園 シギラベイサイドスイート

アラマンダ――遠大で壮大な挑戦

［沖縄県・宮古島］

宮古島は珊瑚礁《さんごしょう》が隆起してできているので山も川もない。海に土が流れ込まないため、日本の中でも際立って海が澄んで透明度も高い。ここに植栽を行い、ようやく立派な形となって、ホテル、ゴルフ場、チャペルを開業した。その後、全室スイートルームのホテル、プライベートプール付きのコテージなど。そして一戸建てのオールスイートリゾートも誕生。２０１０年には天然温泉のスパ、散策道が加わった。１００万坪の敷地、直線9キロの海岸線は20年かけて、やっと計画の30パーセントができあがったところだという。何とも壮大な構想で、完成すると世界規模のリゾートが誕生することは間違いない。

総支配人

三《み》國《くに》浩《ひろ》紀《き》×渡辺淳一

世界に通用するリゾート

三國　ゴルフはいかがでしたか。

渡辺　スコアは相変わらず駄目だけど、コースは優しくて、楽しかった。

三國　リゾートですから、楽しくのんびりいいスコアを出していただきたいという設計なんです。

渡辺　花と海が奇麗で、風も気持ちよくて、お花畑でゴルフをしているような感じでした。

三國　風が強い島なので、樹木があまり高く育ちません。それで、植栽には非常に力を入れています。ゴルフ場も含めて植栽は全部我々の手づくりです。ナンヨウスギも苗木のときから23年育ててきました。

渡辺　ホテルの部屋からは、海が見えるようにできているわけですね。

三國　はい。コテージも、本館も4層の段々にして、ほとんどの客室から海が見えます。

渡辺　今、お客さんはどこからの方が多いですか。

三國　東京・大阪が約70パーセントです。

渡辺　年齢はどうですか。

三國　20代後半から40代です。

渡辺　僕はこういうリゾートは、本来、中高齢者のものじゃないかと思うんだけど。

三國　そうですね。

渡辺　定年になったご夫婦で、ゆとりのある人たちがゆったりくつろいでくれるといいんだけど。

三國　そういった方々が移住をする環境づくりも考えています。

渡辺　移住用の住居も作るんですね。ホテルのそばに。ロングステイと居住者の両方に来てもらおうと。

三國　現在、シーズンオフは1・5泊から2泊、シーズンは2、3泊ですが、本当は1週間ぐらい滞在していただきたいですね。一日、何もしないでボーッとプールサイドやデイベッドに寝そべって、本でも読んでいただくとか、景色を見ていただくというコンセプトですから。

渡辺　何もしないで、景色を見て過ごすのは、若者には無理。だから、これからどんどんお金持ちの熟年クラスに来てもらわないと。定年になって余裕のある人は、4泊、5泊平気なんだし。ここに来れば、ハワイに行かなくてもいい。ずっと近くて便利だから。

三國　成田まで行く手間もありませんから。

渡辺　なかなかムードがあって、楽しめるから、宮古島に来るほうがはるかに楽です。しかし、いろいろやっているうちに、若者のたまり場にならないでほしい。やっぱり品のいいエグゼクティブに来てほしいな。ヨーロッパにはそういうホテルがいっぱいあるでしょう。それを目指してほしい。若者がTシャツやビーチサンダルでどかどか来られると、ムードがまったく変わっちゃう。

三國　各旅行会社、航空会社も、薄利多売というふうになっています。価値のわかる方に売りたいんです。それが我々の目指すところです。

渡辺　たしかにね、日本の熟年者って、動きが悪いからね。海外でしてるように、1週間以上になると宿泊費が割安になるサービスを導入するといい。何か考えると動き出すかも。

三國　そうですね。ロケーションとしては申し分ない。で、施設やハードは、お金さえかければいくらでもいいものはできる。その段階までは、2年後には、日本を代表するリゾートになっていると思っているんですが。それで終わっても面白くないですから、本当に世界に通用するリゾート造りですね、先生がおっしゃったように、大人のお客様、年配のお客様がのんびり、ゆったり長期で滞在できて、満足していただけるようなホテルにしていきたいです。

渡辺　外国のリゾート地に、日本人はわざわざ行くわけでしょう。だとしたら、外国の人もこちらに呼びたいよね。

三國　そういう環境にしていきたいですね。

渡辺　高級なものに関しては、圧倒的に日本は出費する側だよね。とにかく外国人が観光客として来てくれると、プールサイドとかゴルフ場も雰囲気が変わってきて、さらに人を呼ぶようになる。

三國　２００９年に完成したコテージはインターナショナルサイズなので、客室もかなり広いんです。全室プライベートプール付きで、部屋からそのままプールに入っていただけます。15棟コテージタイプがあって、その後ろに70室、4階建て。その70室と15棟の間に、３０００平方メートルの巨大なラグーンが緩やかに流れています。

渡辺　ハワイ島のマウナケアビーチホテルみたいなの。

三國　ハワイは、当然意識しますが、我々独自のもので

さまざまなトロピカル・フルーツジュースのある朝食も南国ならでは

白い砂浜、透明度の高い宮古島の海はウォータースポーツに最適

目覚めるとそこには南国の海がどこまでも続く、幸せなひととき

す。

渡辺　どうしても部屋と眺望を第一に考えるけど、散策のコースも大切で。

三國　おっしゃるとおりです。散策コースも完成しました。マウント・シギラを中心として、敷地内に無数のカート道があって、のんびり散策したり、バギーやセグウェイなどでも自由に散策いただけます。

渡辺　宮古って、島のイメージがいい。何か、孤立した美しい南国の島という感じで。

三國　知名度としては、石垣島より低いのですが……。

渡辺　でも、イメージはいい。この辺の遊歩道から、ホテル全部が完成するのはいつ？

三國　まだ約10年は、かかりますね。

渡辺　モナコは海沿いの観光地だけど、完全にいいホテルって厳としてあるよ。

三國　ありますね、いいホテルが。

渡辺　ぜひそういう大人の上品なホテルを目指してほしいね。実際、『アラマンダ』クラスだと、価格的に若者は苦しいでしょう。

三國　わりといらっしゃいます。とくに女性のお友達同士ふたりで、という方はけっこういらっしゃいますね。

渡辺　女性は頑張るから。

三國　20代後半から30代の方が多いですね。

渡辺　日本は親がつましくて、子どものほうが贅沢している国だから。

三國　親の世代という方もいらっしゃるんですが、なかなか出不精というか。

渡辺　そういう人は、何か付加価値があると来るんです。だから、ここの上布《じょうふ》とか。

三國　宮古上布ですね。

渡辺　宮古上布博物館とかで実演をしているとか……。以前来たときに、有名な女性作家が織っているところに行きましたよ。高かったけどね。

三國　宮古は何度かいらしているんですか？

渡辺　去年、初めて来て、こんなにいい島なんだと驚きました。実は那覇でゴルフをする予定だったけど、「知り合いとゴルフをしても東京と同じだから、それより宮古島に行ってみたい」といって朝の便で来て、夜の便で那覇に帰ったんですけど、その間、全島を見せてもらって、とってもよかった。上布の素材となる植物も見ましたよ。

三國　そうですか。

渡辺　やっぱり、海とホテルというだけではなくて、伝統文化とか島独自の香りのあるものがいいよね。それと塩もね。

三國　塩は歴史があります。

渡辺　みんな買っていた。

三國　ミネラルが多いので、ギネスブックに載っています。雪塩というのがあるんですね。雪みたいにサラサラとしている。

渡辺　塩ができるまでとか、そういうのをまとめて見られるといい。

三國　博物館みたいなものがあるといいですよね。

渡辺　そういうのも一緒に宣伝したほうがいい。ホテルの宣伝だけじゃなくて。

三國　宮古ってこういうところだから行きましょうと。で、泊まるのは『アラマンダ』にしましょうっていうわけですね。

渡辺　そうそう。

三國　我々民間だけでやるのではなく、宮古島市の行政と観光協会が一体となって発信していかないと、先生がおっしゃるようなことは難しいですね。

渡辺　市を巻き込んで、観光客がたくさん来るようになると、市も潤うんだから。

三國　この間、沖縄の仲井眞《なかいま》弘多《ひろかず》知事にお越しいただいたのですが、県内の観光客を、現在600万人のところを1000万人にしようと。ただ、沖縄本島だけでいうと、それが限界なんです。それ以上となると離島しかないとおっしゃっていたんです。

渡辺　じゃあ、これからがチャンスじゃないですか。

ジ・アッタテラス クラブタワーズ

ヨーロッパ風のシックなリゾートが沖縄に

［沖縄県・恩納村］

リゾートホテルは、やはり自然の光と風が入る爽やかで明るい雰囲気がほしい。ここは海辺の自然になじみながら、さらに爽やかな重厚感がある。ヨーロッパに引けを取らないリゾートの出現に、支配人としばし、リゾート論を熱く語ってしまった。ここ『ジ・アッタテラス』は沖縄ブランドである。これからじっくり育てて、単に日本的でない、といってアメリカ的でもない、独創性豊かなリゾート地への成長を期待したい。

前支配人

比《ひ》嘉《が》建《たて》己《き》 × 渡辺淳一

沖縄の自然と静けさをどうぞ

渡辺　ここの敷地内の庭園灯にも、部屋のキーホルダーにもふくろうを使っていますね。森にいるんですか。

比嘉　はい、守り神です。

渡辺　ここはどこの資本ですか。

比嘉　会社名は、ザ・テラスホテルズといいまして、出資は沖縄の主要企業です。

渡辺　ロビーがオープンエアで、プールサイドにはパラソルとデッキチェアが並んでいて、子どもも楽しめそうなホテルだけど、『ジ・アッタテラス』は大人のリゾートですね。

比嘉　宿泊は別として、この施設内のご利用はご宿泊のお客様に限らせていただいておりますし、16歳以下のお子様のご利用もご遠慮願っております。プライベートな世界というか、時間を大切にしています。お子様連れの方には、姉妹ホテルの『ザ・ブセナテラス』をご案内しております。

渡辺　たしかに、落ち着いていますね。

比嘉　このホテルは小高い森の斜面に建っておりますので、プールサイドから海をご覧いただけます。最初の印象は、いかがでしたか。

渡辺　日本じゃないような気がした。高級感があってね。

比嘉　ありがとうございます。客室も78室しかございませんし、バトラーサービスと申しまして、24時間電話一本で対応するシステムを導入しております。

渡辺　ここに来て1泊ではもったいないね。ホテルの部屋からレストランから全部おしゃれで。日本にもようやく、こういう落ち着いたリゾートができたって、感じだね。

比嘉　嬉しいですね。

渡辺　これからは、リゾートで過ごすためにわざわざ外国まで行かなくてもいい。時間も短縮できるんだから。

比嘉　東京からですと2時間半。シーズンを外された、6月とか、9月、10月はお薦めです。

渡辺　9、10月がいいですか。

比嘉　10月が素晴らしいですね。湿度も低いですし、爽やかな感じです。台風もほとんど来ないですから。

渡辺　いわゆる日本的なウェット感がない。でも、ただカーッと明るくて暑いっていうだけじゃない。緑が多いのもいいね、海と緑と両方静かに満喫できるところがいい。

比嘉　そうですね。

渡辺　ハワイだともう少しざわついた感じだし、フランスのモナコとかイタリアだと、これだけ緑の陰影がないところが多い。

比嘉　緑は濃いですね。今年で4年目になりますが、平日に来られる方は、まだそんなにいらっしゃいません。

渡辺　ここは連泊すると安くなるんですか？

比嘉　今、そういったプランを作るようにしていますが。

渡辺　それを作らないと、ロングステイは難しい。

比嘉　3泊されると、4泊目がフリーになるとか。

渡辺　南太平洋のタヒチでも地中海でも、1週間、10日、20日、1ヵ月とどんどん安くなる。2、3泊が一番高い。連泊すれば宿泊費以外でも食事やエステとかでお金を使うし、段階的に安くしてもらいたいね。高齢者は、暇は充分あるんだから。リタイアメントした人には曜日も関係ない。

比嘉　休みは、いつでもお好きなときにお取りになれるわけですからね。

思い出が再来するテラス

渡辺　裕福な高齢者はこれからも増え続ける。僕は、こういう熟年世代を、「プラチナ世代」と呼んでいるんです。その年代を動員する方法はコロンブスの卵だと思うね。これらの世代を対象とした講演をよく頼まれるけど、京都でも、単純な京都観光はもうしたくないの。金閣寺のもっと内側に入ってみたいとか、祇園町のお茶屋で遊びたいとか、単なる京都観光とは違うことをしたい。

比嘉　なかなかそういったチャンスはありません。

渡辺　「我々は違う」という扱いを受けたいんだよ。『ジ・アッタテラス』に来たら、熟年の人も若い気分になる。そんな仕掛けがほしいね。

比嘉　やっぱり自然を感じるとか、季節を感じるとか、何か人間が持っている基本的なものを刺激しなければいけませんね。カルチャープログラムとして、泡盛のテイスティングをしながら泡盛の話を聞く。ガーデンの中で三線《さんしん》を習う。けっこう弾けるようになるんです。そういったことを始めました。

渡辺　ここで習うの？　でも2、3日しか来ない人では

ガーデンまでオープンエアが気持ちいい、まるで別荘のような客室

無理じゃない？

比嘉　だいたい1時間ぐらいで基本的なことはできるようになります。2回やれば初級者合格です。また次回いらしたときに中級に行くとか。

渡辺　なるほど。食事の後にくつろぐ、ラウンジみたいな場所はあるんですか。

比嘉　今のところ、週末はバーにピアノの演奏が入っています。ジャズで雰囲気を作るという演出はやっていますが。

渡辺　それは若い人の発想だね。ピアノをやるなら、昔の名曲を弾かなくちゃ。映画『カサブランカ』のテーマ曲、「アズタイム・ゴーズ・バイ」とか「ムーンライト・セレナーデ」とか。みんな懐かしがって集まってくると思う。

比嘉　昔の曲をおしゃれにかっこよく。何か男になれるような感じの。ちょっと奥様にも、「おれは昔、プレイボーイだったよ」っていうようなものですね（笑）。

渡辺　そうそう（笑）。

比嘉　舞台を作ってさしあげるんですね。

渡辺　歌いだす人がいるよ、きっと。昔のことを思い出

沖縄の植物を使ったハイ・テクニックなスパは鮮やかな緑の中にある

して。

比嘉　この前、ご年配の方ですが、古い曲を弾くと、プールサイドでふたりでダンスを始められました。

渡辺　僕らの年代から15年ぐらい後まではダンスがうまい。僕もチークがうまい（笑）。ダンスパーティが流行った時代だからね。ロマンチックな時代だったなあ。

比嘉　今、ソーシャルダンスを、その年代がやっているんです。たくさんいらっしゃいますよ。

渡辺　でも、タンゴとかワルツとか、ああいうのは空間が広く必要でね。チークは場所をとらない。くっついて動かなきゃいいんだから。結婚40年たったご夫婦には、チークダンスをさせてあげればいい（笑）。

おしゃれを楽しむリゾートホテル

渡辺　『ジ・アッタテラス』のこれだけの設備、これだけの環境のところには熟年のお金持ちしか来られないと思う。日本に、本当の意味での熟年のリゾート地はない。でもヨーロッパにはある。品が良くて落ち着いていて、だからそれを求めてお金持ちはヨーロッパのリゾート地に行く。

比嘉　ヨーロッパのリゾートは、熟年の方が常にいっぱいいらして、それなりのサービスがありますね。

渡辺　海外の客船に乗ると、おばさま方が思い切りドレスアップして食事に来る。あれを見ていると、そういう楽しみ方ってあると思うね。

比嘉　いいですね。本当に着飾って、それを楽しんでいただくのも。

渡辺　やっぱりみんなに奇麗にした自分を見せたいんだよ。それが女心。だけど、日本のおばさまには、着飾って行く場所がない。若者と違ってね。

比嘉　那覇市にあるもうひとつの姉妹ホテル、『ザ・ナハテラス』では、年に2回、ディナーのイベントを行います。いらっしゃるのは8割が熟年の女性です。本当にオペラ座に行くように着飾って来られます。お聞きしたら、まさにおっしゃるとおりで、着飾って行く場所がないと。ホテルにこういったことを求める要望がたくさんありました。

渡辺　僕はね、女性の編集者で和服を着たいという人たちのために、年に1回、和服の会をやっているんです。みんな和服持っているけど、着ていく場所がないというので。お茶とかお花の会で和服を着てもつまらない。なぜかっていうと、おばさんしかいないからって。どうせ着飾るなら男性に見せたいって（笑）。

比嘉　そこに当然男性もいなければいけないわけですね。

渡辺　『ジ・アッタテラス』は場所と雰囲気と設備と、ハード面はほぼ完璧に近いね。あとは、いかに魅力的な宿泊プランを作れるかだと思う。圧倒的な金持ちばかりではなくて、日本の豊かな中産階級の熟年世代狙いで、やっぱり何泊かすると安くなるというシステム作りは、大きなテーマかも。

比嘉　3泊目、4泊目にお得になると、それはひとつの魅力ですね。

渡辺　すてきな人たちが集まってくると、人が人を呼ぶようになるし。

比嘉　おっしゃるとおりですね。ホテルも人が育てるというところがあります。常にお客様によって成長させられます。

第六章　純和風旅館の贄を楽しむ

柊家《ひいらぎや》――京都は京都らしく

［京都府・京都］

『源氏物語』が書かれて約一〇〇〇年。

「京都は常に前を向き、同時にこれまでの後ろの伝統をたしかに守りながら長い歴史を歩んできたのに、ここ数年、前を見て進むエネルギーがなくなってきつつある気がします。やっぱり京都が京都らしくあるためには時代の先をきっちりと見据えていかなければ」と、女将は自らを含めて自戒する。

江戸、明治、昭和、それぞれの時代に、飢饉《ききん》あり、乱世あり、戦争があったが、それらを乗り越えて『柊家』は続いている。

この宿に備わっている風格と安らぎは、まぎれもなく、その歳月によって培われたものである。

女将

西《にし》村《むら》明《あけ》美《み》×渡辺淳一

出すぎず、入りすぎず

西村　昨晩はいかがでしたか。

渡辺　午前1時ぐらいに、祇園から帰ってきました。

西村　お早かったですね（笑）。

渡辺　午前1時に帰ってきて、入れてもらえるかなと心配していたら、実に気持ちよく迎えてもらいました。

西村　京都にいらした方は、祇園とか、先斗町《ぽんとちょう》とか、夜に遊びに出られるのが常です。

渡辺　ホテルのほうが気を遣わなくていいと思っていたら、本当に気持ちよく受け入れてくれて。

西村　土地柄ですね。

渡辺　この部屋の係の方かな。いつから『柊家《ひいらぎや》』にいるのって聞いたら、7年でまだ見習いです、と答えが返ってきたのにはびっくりした。ここには、まだまだ古い人がいるのですね。

西村　それこそ一番古くいたのは、母の嫁入り前からいた田口八重です。私が生まれる前からですから、何かあったら仕事内容とか店のことは、八重に聞いていました。私が店に出始めた頃から、「いつすってんころりんって逝くかわからん」ていいながら、ずっと教えてもらっていました。2009年に99歳で他界しました。

渡辺　じゃあ、八重さんは、戦前からいたのかな。

西村　そうですね。川端康成先生もずっとお世話させていただいて、先生の奥様と同い年なんです。

渡辺　すごいねぇ。

西村　川端先生から、八重自身のことを書かせてほしいっていわれたことがありました。でも、小説はいいことも悪いことも、どっちかというと悪口を書かれるのが多いからって断ったらしいですが、先生がノーベル賞を受けられて、「あのとき、お受けしていたらと一生悔いが残って……」という話を八重からよく聞いていました。八重が亡くなる9年前に『おこしやす』という本を出させてもらって、ほっとしました。

渡辺　ここに『柊家』が移ったのは？

西村　祖父のときの記録が出てきたのを見ると、戦争の時代に、朝起きると入り口にポンと張り紙がしてあって、「御池《おいけ》通を広くするため5日の猶予で全部強制撤去になる」と。それで、祖父が4代続いたのに、自分の代でつぶすわけにいかないといろいろ奔走して、やっと一部の取り壊しで、『柊家』がここに残りました。

渡辺　創業何年になりますか。

西村　江戸末期、文政元年に先祖がここに来たんです。1818年に。ですから193年になります。当時、初代は都へ出たいという思いで若狭《わかさ》から来たので、郷里の海産物を商っていました。2代目の刀のつばの作品が残っていますが、日本画を描いたりしながら、最終的に刀のつばを作るのに凝ってしまって、家業がおろそかになったらしいです。

渡辺　それで旅館にしたのは何年ですか？

西村　1864年、2代目で旅館に。昔は仕事で出てきて、夜遅くなって「じゃあお泊まりやす」って、近所もずいぶん旅で来られた方をお泊めしていたらしいんです。

渡辺　その頃は、旅籠《はたご》はあったんだろうけど。

西村　京都には、かなりの数があったんじゃないですか。

渡辺　そのまま、残ったのがすごい。

西村　まだけっこう残っています。ほかにも『俵屋』さんがありますし、『炭屋』さんも。たまたまこの麩屋町《ふやまち》通に集まっていますが。

渡辺　この辺りは一流旅館が集まっている。

西村　京都のいいところは、それぞれの家業を自分のこだわりを持ってやっていらっしゃるところです。

渡辺　このシリーズの対談でうかがった旅館の中で、女将さんが先代の女将さんの娘さんというのは、『柊家』が初めてかと思うけど。あなたもいずれ跡を継ぐと思っていたのですか？

西村　たまたま父が長男だったので、長男の長女ですから、最終的に私にこの役割が回ってきたわけです。

渡辺　女将さんになる前に、お座敷とか接客をしたことがあるんですか。

西村　家の場所が違うので、とくにありませんでした。スポーツが好きだったので、一年中真っ黒に焼けて、どちらかというと外に目が向いていましたね。

渡辺　それで正式に女将になったのは何年前ですか。

西村　23年ほど前に少しずつ。一番下の子どもが小さかったんですが。

渡辺　お子さんは何人？

西村　4人です。

渡辺　大変でしたね。女将さんもやらなきゃいけないし、4人のお子さんの母親だし。

江戸の文政年間に創業された木造２階建ての、意匠を凝らした数奇屋造り。
落ち着いた客室のほとんどから坪庭が望める

女将の西村明美さんと、『柊家』の庭にて

西村　母も私が高校生ぐらいの頃に、少しずつ店に出始めました。結局、八重が仕事を教えられる間に店に出てほしいといわれたものですから、下の子には可哀想なことをしました。

名水に育まれて

渡辺　敷地の広さはだいたい同じですか。

西村　時代でいろいろありまして。ただ、土地はこの一画を持っていましたが、よそに買われていったところもあります。

渡辺　今、何坪ありますか？　かなり広いでしょう。

西村　750坪ぐらいです。

渡辺　京都のど真ん中にね。750坪もあるんですか。

西村　たまたまその御池の側に面してしまって、地価税が上がったときは父がいつも暗い顔をして、この先どうやって地価税を払いながら営業を続けるかって、かなり真剣に悩んで、うつ状態になっていましたね。祖父母のときは戦争がありましたし。昔の資料で、江戸時代の飢《き》饉《きん》のとき、近隣に食糧を公平に分けよう、という申し合わせ状の、何人かの署名と判があるところに、『柊家』の名前があったんですね。
渡辺 江戸の飢饉のときに。
西村 その資料で、飢饉の時代もあったことがわかりました。いろいろな時代があって、家業を守り続けるのも大変だったと、改めて知りました。
渡辺 本能寺があったところじゃないの、この辺りは。
西村 もともとの本能寺から焼けた後に移っています。
渡辺 ここは水がうまい。今朝も部屋のポットにあったのを飲んだけど。
西村 京都は御所の近くの梨木《なしのき》神社の水が有名ですけど、ここは同じ水脈です。井戸の深さによって、水の味が違います。うちが60メートルほどです。
渡辺 屋敷内の井戸からこんなにいいお水が出るのがすごい。柔らかい水だね。
西村 水の味がよくおわかりになるんですね。
渡辺 新館を見せてもらったけど、よかったなあ。
西村 私どもで一大決心をして、次の世代に残していくという思いで作ったんです。
渡辺 光をうまく利用して、床の間や天井などの明かり取りもよく工夫していて。お風呂も落ち着いて、漆の壁にも驚いたね。
西村 何年か構想して、やっとでき上がったのが去年です。一部屋ずつ全部作りが違います。天井も床の間も、間取りも。脚が悪い方や、布団が苦手な方に一部屋がベッドの部屋も作りました。
渡辺 この部屋は、三島由紀夫がよく泊まったんですか？ 川端康成のお気に入りの部屋もあるとか。
西村 そうです。三島先生がお泊まりになった部屋ですね。吉川英治先生も。
渡辺 ここで書いたのかな？ あそこの窓側の机で書いたのかな。
西村 書き物をされたかどうかはわからないです。川端先生はよくお泊まりになりました。おひとりでゆっくりなさってくださいました。
渡辺 川端さん、こんないい旅館にひとりで来るの？ 彼女と来たりしないんですか。八重さんに聞いて確認したかった（笑）。
西村 八重しかわかりませんね。
渡辺 川端さん、無口な人だったようで。女性も黙って

磨きこまれた本館の漆の廊下、
日本人ならこんな建物に感動してみたい

苔むしたつくばいにも歴史の重さを感じる手入れの行き届いた坪庭

見ているだけで。

西村　川端先生は、八重から聞いても、お話はされる方ではなかったようです。

渡辺　川端さんは、京都ものを何本か書いているけど。

西村　いろいろ京都をじーっと観察してはったんですね。

渡辺　そうだと思うね。その当時と部屋の大きさは、ほとんど同じですか。

西村　変わっていません。御池通がだんだん賑やかになってきたので、防音のためサッシを入れたぐらいです。

渡辺　部屋のトイレに入っておかしかった。洋式の座るトイレと、しゃがみ込む和式のと、両方が同じ部屋にふたつ並んでいる。昔はあのようにしゃがんでいたと懐かしかった。今でも和式じゃないと困る人がいるんですか。

西村　今はいらっしゃらないでしょうね。ちょうど洋式に替えるときに、まだちょっといらして、和式をつぶすよりはとふたつ並べました。外国の方が、日本のトイレをぜひ見たいとおっしゃって、和式がある部屋に泊まってトライして、1回でギブアップされた方もいましたけど（笑）。もう日本の方でも無理ですね。

渡辺　ここは、外国の方も多いんでしょう。

西村　ここ3、4年でずいぶん多くなりました。インターネットの時代ですから、ネットで探して予約なさいます。それから、国のビジットジャパンや京都市の海外誘致PR活動の影響もあるようです。

渡辺　いわゆる、古い日本のスタイルに憧れて来る人も多いだろうな。

西村　日本に来ても、日本らしいところがなくなってきましたから、京都へいらして、たとえ1日でも旅館へ泊まりたいのかもしれません。

渡辺　『柊家』っていう名は、どなたがつけたんですか？

西村　先祖、初代です。下鴨神社の一角に小さいお社で比良木《ひらぎ》神社がありまして、信仰していたんで、そこからお名前をいただいたんです。その比良木神社には、なぜか柊の木が自生していたそうです。昔の方は未だに「ヒラギヤ」といわれます。今は「ヒイラギヤ」っていっています。

渡辺　「ヒラギ」と読むのが正しい？

西村　会社登録前のアルファベットで「HIRAGIYA」っていうサインが残っています。どっちが正しいかといわれると。

渡辺　旧館と新館は何部屋ずつですか？

西村　旧館が21部屋、新館が7部屋です。生活様式が日本の方が日本の様式になじんでいませんから、新館はすごく苦労しましたね。今までの10年、20年が、1年周期ぐらいでどんどん変わっている気がします。

渡辺　古いものだけ守ればいいっていうものでもないしね。大変だね。新館を作るとき、一番気をつけられたことは何ですか？

西村　主人が最初に話をし出してから完成まで5年ぐらいかかりました。古いところを手直ししてもらいながら、新館の構造に持っていったんです。近くの神主さんにいわれた言葉ですが、「老木から新芽が芽吹くように、お互いに生かし、生かし合うもの。老木から知恵をいただきながら、新しく育んでいく」と。これが新館のコンセプトです。新館からエネルギーをもらうような形にしようと思いました。古いものを、決して切り離さないで、ひとつの館の中で、風の流れのような空間づくりに一番気をつけました。やっぱり自然界と一緒で、いろいろなものをお互いに生かし合いながら、時代と時間をつなげていく。今、お話ししているこの部屋は明治年間に作りましたので、天井も高いんです。江戸末期のほうはもっと低いですね。
渡辺　たしかに、ここは天井が高い。
西村　この時代はステンドグラスがいろいろなところで使われています。家族風呂だったり、部屋のお風呂にも入っているところがあります。明治年間はかなりモダンになっているんです。
渡辺　一斉に、西洋かぶれしてしまった。
西村　そうなんですね。そういう時代があって、ドーンと前へ行きすぎぐらいに行っていたのが、次はちょっと後ろに引きすぎになっている。
渡辺　そういう意味では、『柊家』の中で江戸、そして明治という時代を感じられる。
西村　全時代を泊まり歩かれるお客様もいらっしゃいます。でも、最初に泊まった部屋が一番くつろげるという方も多いです。係もできるだけ同じ人にするようにしていますし、お部屋が替わると、その係がずっと一緒についていって、変わらないものがあることによって落ち着いていただいて、なおかつ何かちょっと新鮮なものを、その中で感じていただきたい、と欲張りなんです。初めての方でも、帰ってきた感覚といいますか、くつろいでいただける場所でありたいんです。
渡辺　部屋を替えて、時代を楽しむ方法もあるんだね。
西村　日本の旅館のような宿泊施設は、海外の文化にはありませんね。昭和初期の本に旅館は人の恩情によって成り立つと書いてあります。人の心について書いてあるというか、人に礼をいわれて祝儀をもらうという女中の項目が。
渡辺　そこに本があるの？　見せてもらえる。
西村　これもボロボロになっていて、古い本のにおいがしますが、昭和3年発行ですから。
渡辺　『旅館女中読本』。面白いものだね。こんなの大事に残している旅館はないね。〝柊家ホテル〟って書いてある。貴重なものだね。こんなに歴史のある老舗旅館だから、次の世代にも、いつまでも伝えていってほしいね。
西村　そうしていきたいです。

新井《あらい》旅館——温故知新の宿

［静岡県・修善寺］

ふたり並ぶと、まさに大女将と若女将という風情だが、10年前に「若女将という名前と立場だと、思い切ったことができないから若という字を外してほしい」と申し出たという。大女将は驚いたが、自ら責任を背負う強い意志を感じて了承し、ここに29歳の若い〝女将〟が誕生した。母親と娘だからこそいい合える台詞《せりふ》である。「女将さんはひとりでいい」正に正鵠《せいこく》を射る言葉である。先代の女将と若女将との息の合った協調が新しくて伝統ある新井旅館のゆったりとした空気を作り出している。

代表取締役　相原《あいはら》郁子《いくこ》・女将　森《もり》桂子《けいこ》×渡辺淳一

今あるのは皆様のおかげ

渡辺　ここは歴史のある旅館で、いろいろな日本画や小説など、数多くの作品が『新井《あらい》旅館』で生まれていますね。さっきお茶をいただいたところにも横山大観《たいかん》の作品がありました。お母さんで何代目になるんですか。

先代女将（以下先代）　私で6代目です。実は主人の兄が5代目ですが、旅館とは別の事業を始め、そちらに専念することになりました。主人は体を壊しまして、慣れない私が6代目を名乗ってやってきました。今はもうお客様のほうは、ほとんど娘に任せて、私は営業とか対外的な会合に出たり、皆様とのお付き合いをする、というように分業しております。

渡辺　『新井旅館』そのものの、創業は何年ですか?

先代　明治5年ですので、139年になります。

渡辺　数年前の台風のときに桂川《かつらがわ》の氾濫《はんらん》で水没し、大変な被害だったそうで。ボランティアが集まって復旧したのは、そういう歴史があるからですね。

女将　台風ではたしかに床上浸水の被害を受けましたが、復旧作業をしながら改めていろいろな意味で、『新井旅館』の素晴らしさに気づかされました。

渡辺　災い転じて……、いいこともあったと。

先代　かなりの量の水や土砂が入り込んでしまいましたので、心配して東京の建築家の方にみていただきましたが、柱などに狂いがなかったことに、とても驚いていらっしゃいました。壁や障子が抜けやすくなっていたり、土台の造りもお寺や神社と同じように造られて、コンクリートのように頑丈にできていない分、しなやかでかえって耐久性に優れているそうです。

女将　ボランティアの方もたくさん来てくださいました。日頃、お付き合いのある大学の先生がお声をかけてくださり、野球部などの学生さんが来てくださり、出入りしている業者さんや、テレビを観て東京や神奈川のほうからも、本当にたくさんの方にお手伝いいただきました。おかげさまで2週間ほどで一部を除いて営業を再開することができました。『新井旅館』が多くの方に愛されていることにも感激しました。

渡辺　いい話だね。みんなの思いが詰まっている。ところで、以前からこの場所にあったのですか。

先代　こちらから天城《あまぎ》のほうに3キロくらい行きました

お母さんの取締役、相原郁子さん、娘の女将、森桂子さんと3人で

ところに新井という土地があります。新鮮な井戸ということですが、そこで地主兼廻船《かいせん》問屋をしていましたが、今の温泉場に移りまして、旅館というよりは湯治場として営業を始めました。そして、明治5年に本格的に旅館を始めたようです。

渡辺　それから6代になる。

先代　初代、それから次と、3代目の昭和20年までみな70歳を超える年配で、3代目は自身も画家をしていた関係で、建物のことですとか、文化的なことに熱心でした。横山大観さんや安田靫彦《ゆきひこ》さんの作品があるのもそのおかげです。ほかにも画家の川端龍子《りゅうし》さんや、歌舞伎では初代中村吉右衛門さん、俳人では高浜虚子さん、文人では芥川龍之介さん、泉鏡花さん、幸田露伴さん、川端康成さんなどがお泊まりになられて作品も書かれています。3代目とは、とくに安田靫彦さんと中村吉右衛門さんと義兄弟の契《ちぎ》りを交わすほど親しくお付き合いさせていただいたようです。高浜虚子さんとは妻同士が女学校時代の親友だったこともあり、家族ぐるみで親しくしておりました。そして4代目、5代目が割合とすぐに代わっているんです。

明治５年創業、平成10年に国の登録有形文化財に。
純和風建築の素晴らしさが満喫できる、文化財ガイド館内ツアーも実施されている

清流、桂川沿いにたたずむ宿は周囲の緑にもしっくりと溶け込んで

渡辺　この規模になったのはいつですか。

先代　私がまいりましたときから、ほとんど変わっていないと思います。私がまいりました昭和43年頃には、約45室あり、250人という大勢の方にお泊まりいただいていましたが、昨今は旅行の形態が変わりましたので、団体や大きなグループはございません。建物とか敷地はまったく変わっておりませんが、個人のお客様、それから小グループ用に部屋を変えまして、29部屋で現在やっております。

渡辺　お嫁さんではなくお嬢さんでしょ。

先代　はい、娘でございます。

渡辺　お母さんとお嬢さんというのは、珍しいね。ここ、全部で何坪あるんですか。

先代　3000坪です。建物はその半分ぐらいで、あとは庭になります。

渡辺　敷地面積が1000坪以上とは、すごいね。

先代　昔ながらの建物で、高さがない分、横に広くなっていまして、次々と棟を足しています。

安田靫彦画伯デザインの天平風呂

渡辺　修善寺は湯治場として古いですね。

先代　温泉場として1200年です。旅館としては私どもが3番目ぐらいでしょうか。『あさば』さん、『菊屋』さんと私どもということになります。

渡辺　旅館の中を見せてもらったけど、古いのと新しい感じをうまくミックスさせて、つなげているね。

女将　いろいろ、便利になっていますから、それをいかに取り入れながら、でも今までの感じを壊さないでというところを、いつも悩むんです。

渡辺　廊下とか、窓の桟とか、ガラスのサイズも、それぞれに合ったものがあるのでしょう。割れたりすると大変ですね。

女将　ガラスはとくにそうですね。昔の規格でできていますので、今の規格のものでは合いません。ガラス1枚割れても、同じ薄さのガラスの用意ができません。

渡辺　こんな大きなふすまもあるんですか。

女将　これは特別に広いものです。普通のところで直してもらおうとするとやりきれません。専門のところに持っていかないと直していただけません。

渡辺　ひとつひとつ特製だから、お金がかかるね。

女将　しかも、それぞれの部屋で違うんです。

渡辺　部屋に行く途中に池があって、風情がある。あの池は昔から？

先代　はい。この池は、調整池の役割があるんです。私どもの池の水は狩野川《かりのがわ》から入れておりまして、河川法がありますので、日本でもそんなにはないそうなのですが、昔から既得権というので、県から許可をいただいています。大きく取り入れ、ここで池にして、あちらこちらから元の川に戻しています。調整池というのは、この奥にも源泉がありますが、そこから引いてまいりますのに、お湯の温度を調整する役目をしています。

渡辺　温泉もなかなかいい。天平《てんぴょう》大浴場には見事な柱があって。

先代　昭和6年に着工しまして、9年に完成いたしました。設計が安田靫彦画伯で、今では手に入らない貴重な台湾檜《ひのき》を使っています。

渡辺　安田靫彦さんがこんな風呂にしようといってデザインしたんだ。お風呂に入って、ふと顔を上げると鯉が見えるんだよね。驚いたなあ。

先代　お風呂はいくつか明治の頃からありましたが、少しモダンなビザンチン様式というか、そういうお風呂にしようと設計図までできていたそうですが、3代目と親しくしていた安田さんが、とんでもないと。こういうお風呂にしたほうがいいとサラサラッとお描きになったんです。それで、天平風呂ができました。檜の柱は、大きな木から4つ取ってあの大きさなんです。元は大きかったんでしょうね。

渡辺　あれ生木ですか？

先代　生木です。建築用語で「心《しん》去《さ》り材」っていうそうです。芯を取ってしまってから、四分割しているので曲がらない。それから、非常に丈夫だそうです。それを26本使っているんですね。

渡辺　修善寺のお湯ってどこから取ってくるんですか。

先代　川の中にありまして。皆さん川の縁に源泉をお持ちです。昔は各旅館のものではなくて、温泉場としての源泉が何本もありました。今は観光用にひとつを復活させていますけど、昔はそれぞれ馬を洗う温泉であるとか、何をするための温泉ということで、ずっと川沿いにあったようです。

渡辺　修善寺には、どれぐらいの温泉旅館があるの。

女将　現在は20軒です。

渡辺　ホテルにはダイニングがあるけど、ここは各部屋に食事を運ぶんでしょう。大変ですね。

女将　接待の係がひとりいますが、別に運ぶ者もひとりつきますので、人数が何倍にも。ダイニングについては、ゆくゆくそういうものも、と考えております。夜はお部屋でのお食事を希望される方が多いのですが、朝は別のところで召し上がりたい、というお客様の声が大きくなってきました。そういう対応もできるようにしていきたいと思っています。

三養荘《さんようそう》——財閥の別邸

［静岡県・伊豆長岡］

とにかく贅沢な館である。

本館は旧三菱財閥の創始者岩崎弥太郎《やたろう》氏の長男、久彌《ひさや》氏の別邸そのままで、部屋には源泉掛け流しの温泉が当時からあったという。

広く、変化に富んだ自然と接しているだけに部屋の立地条件によって眺める景色も変化に富んでいる。庭全体を見渡せる窓辺、高台から山あいを見下ろせる部屋、夜の離れは真に幽玄の世界である。

桜の季節には、ライトアップするという華やかさ。

ぜひゆっくりと、再訪したいものである。

元女将
向《むか》井《い》聖《しょう》子《こ》×渡辺淳一

すごい庭、すごい部屋

渡辺　今、奥の部屋まで入ってみたけど、この広さでは管理が大変ですね。

向井　敷地が4万2000坪ございます。約3000坪がお庭です。

渡辺　たえず植木の職人さんの姿も見えて。

向井　やはり木は生きておりますので、手をかければ、それなりに答えが出てきます。

渡辺　三菱の岩崎弥太郎さんがここに、いつ頃作ったんですか。

向井　本館が昭和4年の建物です。ご長男の久彌さんのご別邸として建てられておりまして。手前どもが旅館を始めたのが、昭和22年からでございます。

渡辺　プリンスホテルは元宮家とか、旧財閥が持っていた、いろいろなところを買い取ったからね。ここもそのひとつですね。『三養荘《さんようそう》』の由来は、さっき資料を読んでわかったんだけど。

向井　読んでいただけましたか。「蘇東坡《そとうば》三養訓」というのがありまして、岩崎家が家訓にしていらしたんですね。「安分以養神、寛胃以養気、省費以養財」というものですが、そこから「三養荘」と呼んでいらした。あまり高望みをしないで、今、自分の置かれた身分にしっかり腰を落ち着けて精神を安定させ、胃を楽にして気力・根気をしっかり身につけ、無駄遣いをやめて、物質的に安定させよ。幸せに生きるための3つの教えであるという内容でございます。

渡辺　この広い庭を見ると、壮大な無駄のようにも見えるけど（笑）。

向井　先生のおっしゃるとおりでございます（笑）。

渡辺　たしかに、『三養荘』は昔から有名だけど。

向井　皆さんには、まだまだ知られていないような感じがいたします。

渡辺　みな、広くて立派で高そう、と思っているけど、一度は行ってみたいといっている。ここの女将になって何年ですか。

向井　5年目でございます。

渡辺　ここに5年というと、どちらかから？

向井　それまで愛知県の『蒲郡《がまごおり》プリンスホテル』におりました。

渡辺　ああ、あそこはいいホテルだ。小さいけど、ロマンチックでおしゃれで。

向井　いや、嬉しいですね。

渡辺　あれは名古屋かどこかの繊維関係のお金持ちが持っていた？

向井　そうです。昭和9年に『蒲郡ホテル』として建てられたものです。

渡辺　女の子を連れていくには一番のホテルじゃないかな（笑）。ロマンチックで、喜ぶと思う。あそこから、引き抜かれたの？

向井　いいえ。転勤でこちらへ参りました。

渡辺　とにかく、伊豆長岡は環境も最高で。

向井　ここは気候が温暖なので、過ごしやすいです。

渡辺　部屋数はどれぐらいあるの。

向井　40棟です。1棟がだいたい、本間、次の間、もしくは三の間がありまして、離れ形式になっています。本館は、お庭に面していまして岩崎様の当時の別邸です。大浴場が近いので、お風呂は作っていないのですが、新館は昭和63年から平成5年にかけて作られましたのでお風呂がついています。

渡辺　この部屋も広いというか広すぎて。ここに布団を敷いて寝ると、それこそ、太平洋に小舟で浮いているような感じだね。

向井　寂しくなっちゃう（笑）。

渡辺　そう、ひとりじゃもったいない（笑）。

向井　朝、お庭をご覧になってください。本間、次の間、その奥に書院造の可愛いお部屋があります。ここからのお庭の眺めは最高です。ちょうど窓枠が額縁の役目をしてくれまして、座りますと絵のようにお庭をご覧になっていただけます。

渡辺　なるほど。庭が陰になって、粋《すい》を凝らしているのがよくわかる。

向井　建物がお好きな方には、手に入らないいい材料を使っている、といっていただきます。ガラスは手づくりなので、ゆがみがあります。今は作っていないので、お掃除するときは気をつけて拭きます。

渡辺　こういうガラスは風が吹くとガタガタなるでしょう？

向井　そうなんです。風が強いときは、お客様に申し訳ないと思います。

京の庭師、小川治兵衛作3000坪の庭園に点在する離れの客室は風雅の一言

渡辺　このガラス1枚割ると大変だ。同じものはもう手に入らない。

向井　ありませんね。

四季の花　光琳の世界

渡辺　ここは新幹線の三島駅から乗り換えて30分ぐらいだから、東京からはほどよい距離だね。

向井　東京の方は、中伊豆は遠いというイメージをお持ちですけれど、意外と時間はかかりません。

渡辺　どのようなお客さんが多いですか。

向井　関東圏の方が7割。あとは大阪・京都・愛知の方。そして静岡の方。50代、60代、70代の方です。最近チラホラとお若い方にお越しいただいています。

渡辺　新婚旅行で？

向井　そういう方もあります。お車だと沼津のインターで下りていただいて、30分ぐらいですから。伊豆長岡は何がいいって、富士山が見えるのが嬉しいですよ。また駿河平《するがだいら》からは一段と大きく見えます。

渡辺　目の前に迫ってくる。やっぱり、この辺から静岡

心地いい露天風呂を備えた大浴場で、日ごろの疲れを癒したい

までは、日本で一番、過ごしやすい温暖な場所なんだろうな。徳川家康が晩年に選んだ場所だから。全国の大名から情報を集めて、この辺がいいって定めてやってきた。家康が好んだ場所はこのライン。

向井　そうですね。駿府《すんぷ》城。生まれが松平郷です、愛知の岡崎の。

渡辺　三河まで行くと風が冷たくてね。ここは真冬もそんなに寒くないでしょ。

向井　寒くないですね。一昨年のお正月明けに雪が降りました。お庭が一面真っ白になって、そのときはついつい私もカメラを持って。でも、暖かいところですので、午後には雪がなくなってしまいました。奇麗でしたね。

渡辺　花もいろいろありそうだね。

向井　この前に枝垂桜《しだれざくら》の大きいのがあります。

渡辺　こんな住みやすいところにいて、給料もらえるんだから、羨ましい。

向井　ありがたいですね。これ、うちの人たちが写真を撮ったんです。紅葉が終わって、葉が落ちて、何となくお花のない、わびさびの世界ですけど、もうすぐ寒桜が咲きます。寒いときに、小さい可愛い桜の花が咲くと、けなげで、一輪咲いたといっては数えに行きます。

渡辺　もちろん梅も。

向井　はい。奥に紅梅・白梅がありまして、かなり老木ですけれども、枝ぶりがよろしくて。

渡辺　梅は花より枝ぶりだね。

向井　咲きそろうと、尾形光琳《おがたこうりん》の世界のようです。枝垂梅も可愛いですよ。

渡辺　以前、「梅は本妻、桜は愛人」って書いたら、女性から叱られた。

向井　あっ、でも何となくわかるような気がします。

渡辺　梅は花も枝ぶりも地味で、変に浮いていない。桜は華やかだから、生け花のお花にも使われない。わたしが、わたしがって、主張しすぎるから。桜を床の間に飾ったら大変だよね。派手すぎて奥床しさがなくなる。

向井　そうですね。女性として、納得しちゃいけないのかもしれないですけど(笑)。

レトロ・ロマンの宿

渡辺　こんなに広くてすてきなお庭があるんだから、華やかなお茶会とか、何かイベントをやるといいね。
向井　年に4回お茶席を設けています。お正月が明けますと、2月の初午《はつうま》に山のほうの庭内にお稲荷さんがあるものですから、紙でできた五色の旗に、五穀豊穣と商売繁盛を込めて奉納、お参りをしていただいて、そこでお茶席を設けます。その後、お食事会をします。枝垂桜が満開の時期には、観桜会と称して芝生の庭園で野だてをやります。
渡辺　そんなこと、東京の人は知らない。
向井　それから、七夕、最後に観月茶会、これは夜、お庭で行います。お月さんが奇麗。虫の音を聞きながら、お庭にろうそくを灯《とも》して、とても趣があります。
渡辺　あららら。それは知らなかった。
向井　パンフレットには掲載しているんですけど。近隣の方には通知をお出ししています。
渡辺　近隣の人だけじゃもったいない。
向井　そうですね。今度、女性誌の方に取材していただきたいですね。
渡辺　女性誌も、こういうオーソドックスな日本旅館をもっと取り上げなければねえ。ここは宴会もやりますか。
向井　はい、大きな宴会場があります。70畳と128畳。
渡辺　明日、見せてもらおうかな。
向井　ぜひご覧になっていただきたいです。128畳の大きな宴会場は、舞台の背景が江里佐代子先生という截《きり》金《かね》細工で人間国宝の方の作品です。それはもう自慢のものです。踊りが映える舞台です。128畳の広間から70畳へ行くところに、「バー狩野川」と呼んでいる建物があります。初代の東京市長の後藤新平さんの別邸が近くにありましたのを移築しました。バーにして、二次会の貸し切りのときだけお出ししています。大正ロマンを感じる部屋で、雰囲気があります。
渡辺　それは楽しみだ。結婚式をする人もいますか。
向井　はい。三島大社で式を挙げて、ここで披露宴をという方がいらっしゃいます。たくさんはないんです、お座敷ですから、皆さんにお座りいただくのが、最近ではなかなか大変です。時代が変わっていますから。
渡辺　三島大社で結婚式はいい、由緒ある神社だからね。とにかく贅沢な館だ。四季おりおりの庭の風景を楽しみたいね。

岩惣《いわそう》 ——高雅と静寂の神の島

［広島県・宮島］

波間に鮮やかに大鳥居の紅い影が揺れ、やがて夕日を受けて海が金色に輝く。
ここは中国地方最高の名所・安芸《あき》の宮島《みやじま》。『岩惣』に憩うと
平清盛が求めたこの世の天国を、静寂の中で俯瞰《ふかん》することができる。
人々はみな、この華麗で豪壮な風景に見とれるが、
明け方、何気なく部屋の窓際に佇《たたず》むと
鹿の親子が目の前の山際をたどっていった。

先代女将　岩村尚子《いわむらなおこ》・女将　岩村玉希《いわむらたまき》×渡辺淳一

安政元年創業の宿

渡辺　先代女将は何代目ですか？
先代女将（以下先代）　6代目になります。
渡辺　すると、創業は？
先代　安政元年でございます。
女将　1854年、ペリー2度目の来航の年です。
渡辺　それから何年たっていますか？
女将　157年目でございます。
渡辺　157年で6代。すごいねえ。
先代　割合男性のほうが短命でございます。そういう家系のようです。
渡辺　今、平均寿命で、女性のほうが7歳長い。それに結婚年齢が男性が上の場合が多いから。どうしても短命ですね。
渡辺　女将は何歳のときにこちらに？
女将　8年前ですから28歳ですね。
渡辺　こういう老舗の大きい旅館には、なかなかお嫁さんが来ない、と聞いたことがあるんだけど。先代女将は、ここに住まわれて何年になりますか。
先代　41年です。福山から宮島にまいりまして。
渡辺　福山とだいぶん違いますか？
先代　はい、福山のあたりは、日照りの続くところですから、あちこちに溜池《ためいけ》を作らないと、お百姓さんが困るような土地柄です。こちらにまいりましたら、あっという間にかき曇り、雷はピカピカドンドンと。
女将　やっぱり、宮島は裏に山があるのでけっこう雨も雪も降りやすいんです。
渡辺　雪が降るの？
女将　年に何回かですが。この辺りも何回か積もることもあります。
渡辺　平地でも、そうですか。
女将　そうはいっても、全体的には瀬戸内の温暖な気候なんですが。
渡辺　そうか。中国山脈は意外に低いから、日本海の寒気がそのまま流れてくるのかも。その頃は旧館だけでしたか。
先代　こちらの離れと本館、13室でございました。当時はお部屋のタイプが全部違ったものですから、ちょうどバブルに突入する前ぐらいに旅行社の方から、同じタイプの部屋を揃えてほしいという要望が増えてまいりまして。
渡辺　それで新館を作られた。
先代　はい、昭和56年でございます。古い建物は残しながら、新たに建設しました。
渡辺　部屋数がだいぶん増えたわけですね。
先代　38になりました。厳島《いつくしま》神社さんから邪魔にならない景色にしなければと思いまして、高さ制限がございますので、その高さだけの風船を上げ、私が根っこを持って、主人がグルグルグルグルどこから見たら見えるのか調べました。見えないように。
渡辺　そんな配慮をしたんですか。
先代　やはり厳島神社の屋根のカーブは素晴らしいですから。こちらの離れは高床《たかゆか》の方式も取り入れておりますので、できるだけ外の景色をお部屋の中に持ち込みたい。しかしこの谷間を圧するものにならないように気をつけました。当時の建築会社の方々が、鼻血が出るほど仕事をしたっていう話はよくあるけれども、ここでは目から血が出るほどの仕事だって。
渡辺　もっと大変だったと。
先代　おかげさまで、関わってくださった方々が持っていらっしゃる力を全部出しきってくださいましたので、本当に存在感のない建物を作ることができました。厳島さんを邪魔しないように、その気持ちでさせていただきました。
渡辺　それだけ神社に気を遣っている。まあ神社で成り立っている島だからね。

鹿も夜遊びする宮島

渡辺　敷地面積はどのくらいありますか。
先代　１６００坪ぐらいで、面積としてはそれほど広くはございません。
渡辺　そんなことはない、広い。それに、宮島の一番いい場所にある。
先代　これは本当にご先祖様のおかげだと思います。しかも時代を経ておりますので、国有地と私有地の代替えなどで、今のように整ってきました。
渡辺　本来、宮島には私有地があったんですか？
先代　ほとんどございません。平清盛が宮千軒で千軒区

先代女将、岩村尚子さん、女将の岩村玉希さんと

割りをしたのが私有地です。江戸時代、今の町家通りにお店《たな》がいろいろございまして、その中の岩国屋の惣兵衛《そうべえ》がこの山に入って開いたそうです。

渡辺　それで、『岩惣《いわそう》』と。

先代　当時は、本当にうっそうとした山だったようです。

渡辺　ちょっと高台で見晴らしもいい、厳島神社の鳥居も見えるし、五重塔も見える。こんなに海が近いのに、当時は山に入ったっていわれたんだ。

先代　そうです。奉行所から許可をいただいて、岩国屋惣兵衛と因幡屋《いなばや》茂吉がもみじ谷を借り受けたと。そのため年数がはっきりしております。厳島さんの管絃祭《かんげんさい》という夏の大きなお祭りのときには芝居小屋が建ったり、ずいぶん市が賑わっていたようです。そこにいらっしゃるお客様をお相手にさせていただいたのが始まりです。

渡辺　さっき『岩惣』に来るとき、鹿に会ってびっくりしました。鹿はどれぐらいいるんですか。

先代　神鹿《しんろく》、神様の鹿と申しまして、500頭ぐらいいます。神様について来たことになっています。

渡辺　それじゃ、鹿に失礼なことをしてはいけない。

先代　増えまして、夜遊びの好きな鹿たちは山に帰らな

宿から徒歩で行ける荘厳な厳島神社

いんです。

渡辺　ああ、やっぱり鹿にもそういうのがいるんだね(笑)。ちょうど僕の部屋から谷が見えて、夕暮れに連れ立って2匹、山のほうへ帰っていった。だから、みんなちゃんと帰るのかと思ったけど。

先代　そういう模範的な鹿もおります。朝出勤いたしまして、夜になりますと、ねぐらに帰って。

渡辺　この旅館に泊まっていると、模範的な鹿が眺められていいね。

先代　朝はまた姿を見せてくれます。

女将　だいたい縄張りが決まっていますので。栈橋のほうの鹿は、山に帰らないんです。また、山の鹿は栈橋には行きません。

渡辺　じゃあ栈橋辺りにだけ住んでいるの？

女将　そうですね。それぞれの縄張りの中で活動します。

渡辺　鹿と同時に民家がけっこうあるので驚きました。

女将　そうですね。人口が今1800人ほどです。

渡辺　さすがにこういう神社の神域だと、芸者さんはいないんでしょ。

先代　門前町ではつきものでございます。昔は遊郭がございました。

渡辺　え、どこに？

先代　島内です。頼山陽《らいさんよう》なども遊びにいらしておりまして。

渡辺　頼山陽はそのために来たんですか。

先代　はい、そうです。

渡辺　困った学者だね（笑）。

先代　伊藤博文公も残してくださっている書に、「残紅に酔い天妃我を留む」と書いておられます。どういう天妃か、厳島の神様でしょうか。それともおしろいを塗った神様でしょうか。

渡辺　そりゃおしろいに決まっている。宮島って、島自体が神域と思ったら、そうでもないんですね。

先代　楽しみごとは、昔は豊かだったみたいです。

渡辺　地図を見ると、島内にずいぶん旅館やホテルがありますね。

女将　20軒ぐらいあります。

渡辺　そんなにあるとは思わなかったな。

女将　修学旅行の旅館もあります。春や秋は修学旅行も多いですから。

渡辺　さっきお風呂の入り口でも外国人に会ったなあ。
先代　とくに小泉純一郎総理のビジットジャパンの政策以来、年々増えております。
渡辺　宮島は世界遺産。
女将　はい、２０１１年には、15周年を迎えます。
渡辺　外国の人には、海の中にある朱の大鳥居と厳島神社の建物、そして神秘的な雰囲気は魅力的だろうな。
先代　やはり海外のお客様には、朱の大鳥居がすごくインパクトがあるようです。
女将　宮島は日本が凝縮されているともいわれます。山があり、川があり、海があり、町がある。
先代　海外のお客様には、歴史とか文化はご理解が難しいようで、そういう点で宮島は、入り口が楽だとおっしゃいます。
渡辺　まず見て、引きつけられる。僕も前に来ているけど、今回初めて知ったのはあの大鳥居って浮いているんだね。
女将　鳥居自体の重みだけで立っています。
渡辺　すごいこと考えたね、昔の人は。
先代　振動を吸収するように、肥松《こえまつ》１０００本ぐらい、杭《くい》が打ってあって、その上に建っているんです。
渡辺　じゃあ、純粋に浮いているのではないんだ。
女将　そうですね。重みだけで乗っている感じです。
先代　これはイタリアのベニスの建物も同じ工法のようです。
渡辺　昔の人は本当によく考えて造ったんだね。

大正から昭和にかけて造られた離れの部屋。火灯窓や欄間の意匠に注目したい

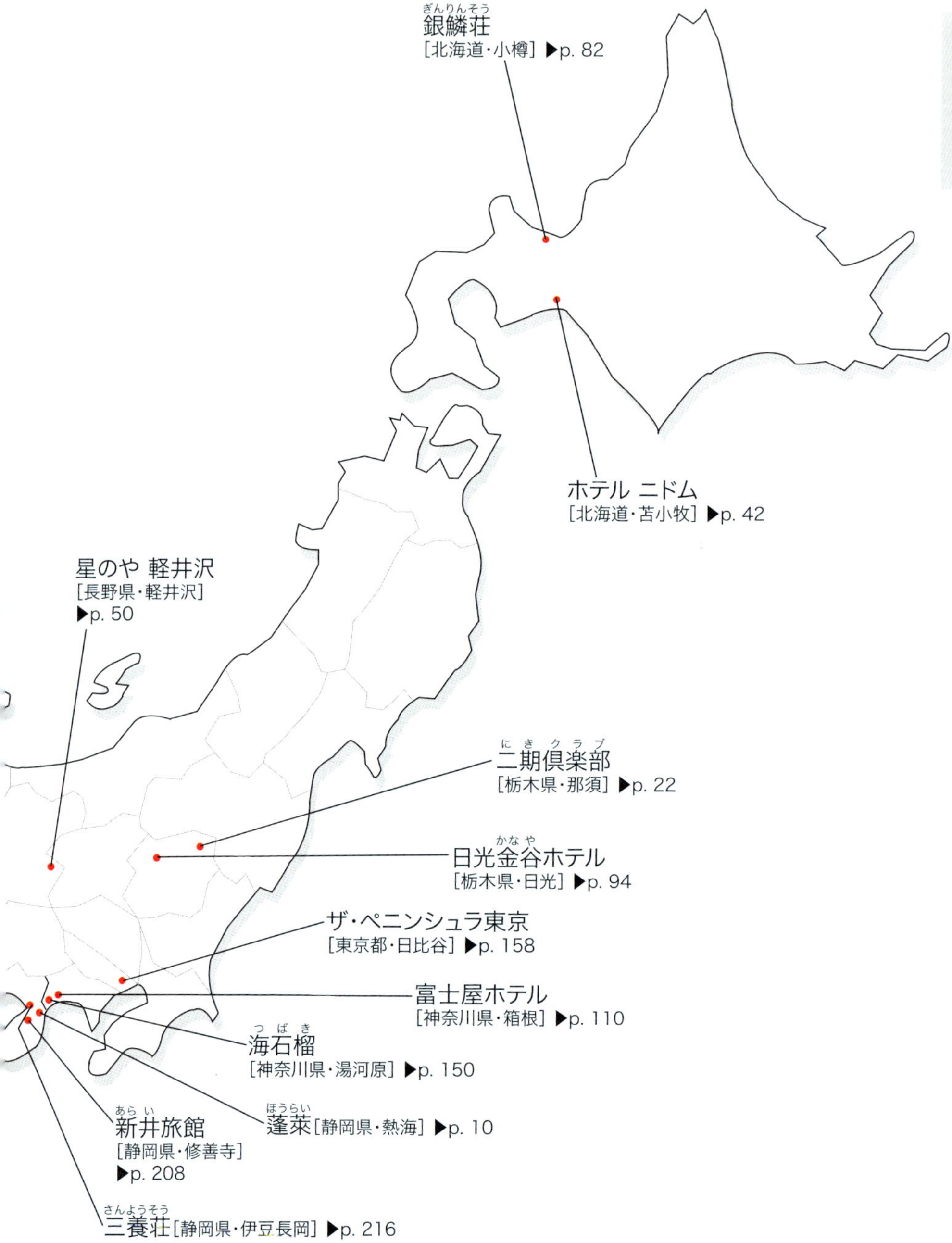
銀鱗荘《ぎんりんそう》
[北海道・小樽] ▶p. 82
ホテル ニドム
[北海道・苫小牧] ▶p. 42
星のや 軽井沢
[長野県・軽井沢]
▶p. 50
二期《にき》倶楽部《クラブ》
[栃木県・那須] ▶p. 22
日光金谷《かなや》ホテル
[栃木県・日光] ▶p. 94
ザ・ペニンシュラ東京
[東京都・日比谷] ▶p. 158
富士屋ホテル
[神奈川県・箱根] ▶p. 110
海石榴《つばき》
[神奈川県・湯河原] ▶p. 150
蓬莱《ほうらい》[静岡県・熱海] ▶p. 10
新井《あらい》旅館
[静岡県・修善寺]
▶p. 208
三養荘《さんようそう》[静岡県・伊豆長岡] ▶p. 216

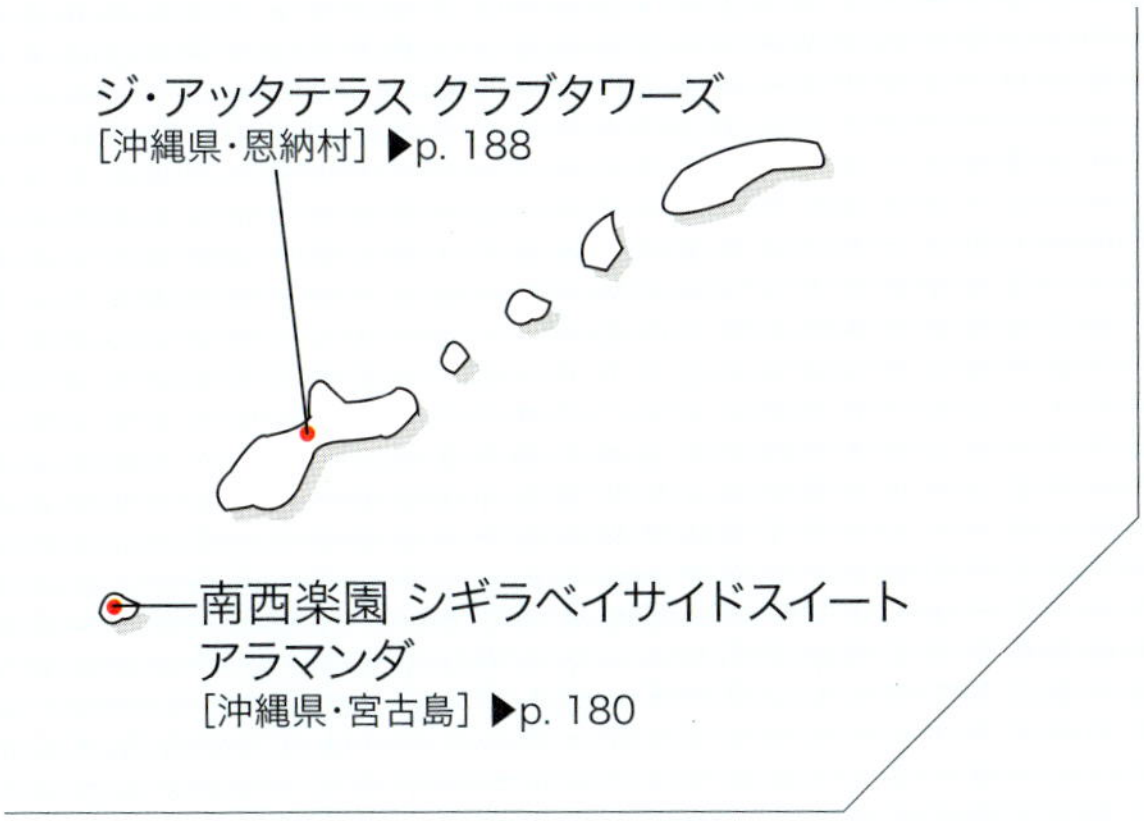

ジ・アッタテラス クラブタワーズ
［沖縄県・恩納村］▶p. 188
南西楽園 シギラベイサイドスイート
アラマンダ
［沖縄県・宮古島］▶p. 180

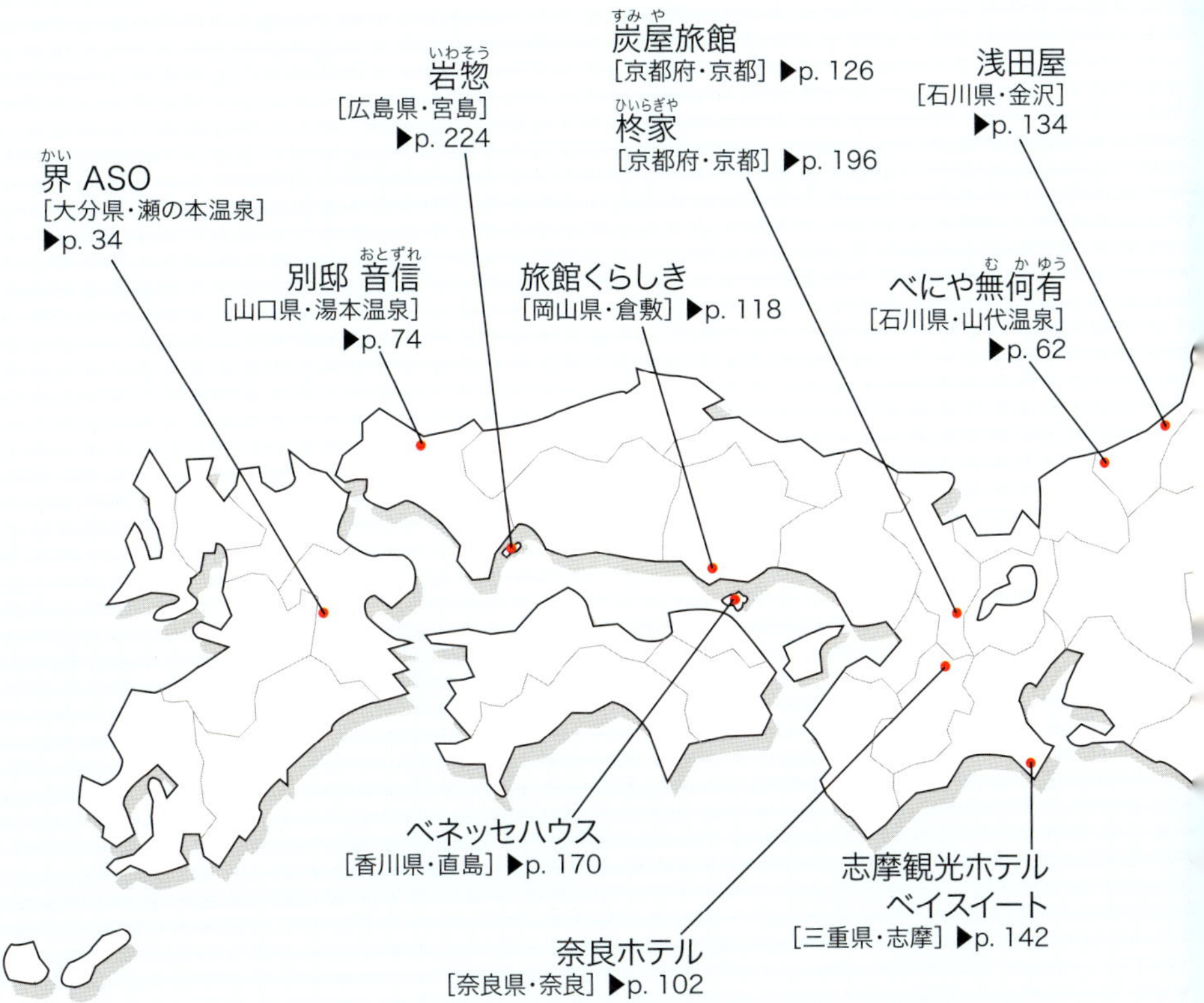

炭屋《すみや》旅館
［京都府・京都］▶p. 126
岩惣《いわそう》
［広島県・宮島］
▶p. 224
浅田屋
［石川県・金沢］
▶p. 134
柊家《ひいらぎや》
［京都府・京都］▶p. 196
界《かい》 ASO
［大分県・瀬の本温泉］
▶p. 34
別邸 音信《おとずれ》
［山口県・湯本温泉］
▶p. 74
旅館くらしき
［岡山県・倉敷］▶p. 118
べにや無何有《むかゆう》
［石川県・山代温泉］
▶p. 62
ベネッセハウス
［香川県・直島］▶p. 170
志摩観光ホテル
ベイスイート
［三重県・志摩］▶p. 142
奈良ホテル
［奈良県・奈良］▶p. 102

※掲載している情報は、2011年1月31日現在のものです。料金は、特に記載のない限り、1室2名利用のひとり分の宿泊料（税・サービス料込）です。季節や曜日、部屋タイプ等によって料金は異なりますので、詳細はご確認ください。なお、「IN」はチェックイン、「OUT」はチェックアウト時間を表します。

【北海道】

◎ホテル ニドム……42頁

住所▼北海道苫小牧市字植苗430

電話▼0144・55・8000

アクセス▼電車／JR苫小牧駅より車で約20分。飛行機／新千歳空港より車で約15分。無料送迎バスあり（要予約）。車で／道央自動車道苫小牧東ICより約1分

料金▼1万5750円～（朝食付）

IN▼14時／OUT▼11時

◎銀鱗荘《ぎんりんそう》……82頁

住所▼北海道小樽市桜1の1

電話▼0134・54・7010

アクセス▼電車／JR函館本線小樽駅より車で約10分、小樽築港駅より車で約4分。飛行機／新千歳空港より車で約70分。車／札樽自動車道朝里ICより約6分

料金▼1万9155円～（朝食付）

IN▼15時／OUT▼11時

【北関東】

◎二期倶楽部《にきクラブ》……22頁

住所▼栃木県那須郡那須町高久乙道下2301

電話▼0287・78・2215

アクセス▼電車／東北新幹線那須塩原駅より車で約30分。那須塩原駅よりシャトルバスあり（要予約）。車／東北自動車道那須ICより約20分

料金▼3万4150円～（2食付）

IN▼15時／OUT▼12時

◎日光金谷ホテル……94頁

住所▼栃木県日光市鉢石町1300

電話▼0288・54・0001

アクセス▼電車／東武日光線東武日光駅、JR日光線日光駅より車で約5分。東武日光駅より定時シャトルバスあり（季節変動あり）。車／東北自動車道宇都宮ICより約20分（日光宇都宮道路利用）

料金▼1万9635円～（2食付）

IN▼15時／OUT▼11時

【東京】

◎**ザ・ペニンシュラ東京**……158頁
住所▼東京都千代田区有楽町1の8の1
電話▼03・6270・2888
アクセス▼地下鉄日比谷駅、有楽町駅地下通路A6・A7出口直結。JR有楽町駅より徒歩約2分。地下鉄銀座駅より徒歩約4分

料金▼6万9300円〜（1部屋あたりの室料・宿泊のみ）
IN▼15時／OUT▼12時

【箱根・熱海・伊豆】

◎**富士屋ホテル**……110頁
住所▼神奈川県足柄郡箱根宮ノ下359
電話▼0460・82・2211
アクセス▼電車／箱根登山鉄道宮ノ下駅より徒歩約7分。小田急線箱根湯本駅より車で約15分。東海道線小田原駅より車で約30分。車／東名自動車道御殿場ICより約35分。小田原厚木道路箱根口ICより約20分

料金▼2万4300円〜（2食付）
IN▼14時／OUT▼11時

◎**海石榴**《つばき》……150頁
住所▼神奈川県足柄下郡湯河原町宮上776
電話▼0465・63・3333
アクセス▼電車／JR湯河原駅より車で約7分、JR熱海駅より車で約20分。車／小田原厚木道路小田原西ICより約40分

料金▼4万2150円〜（2食付）
IN▼15時／OUT▼10時30分

◎**蓬莱**《ほうらい》……10頁
住所▼静岡県熱海市伊豆山750の6
電話▼0557・80・5151
アクセス▼電車／東海道新幹線熱海駅より車で約5分。車／小田原厚木道路小田原西ICより国道135号利用

料金▼4万5150円〜（2食付）
IN▼14時／OUT▼11時

◎**新井**《あらい》**旅館**……208頁
住所▼静岡県伊豆市修善寺970
電話▼0558・72・2007

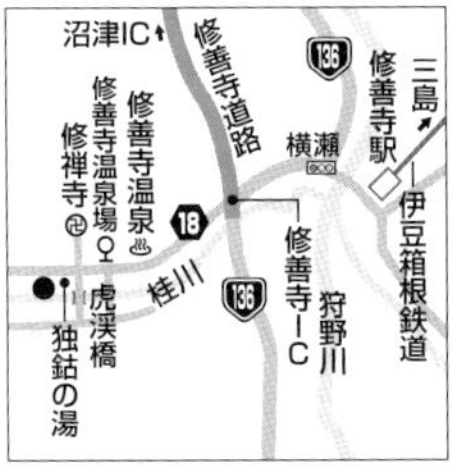

アクセス▼電車／JR三島駅から伊豆箱根鉄道で修善寺駅、または東京から踊り子号利用。伊豆箱根バス、東海バスで約10分、修善寺温泉場下車、徒歩約3分。車／東名高速沼津ICより約50分
料金▼2万4300円～（2食付）
IN▼15時／OUT▼11時

◎**三養荘**《さんようそう》……216頁
住所▼静岡県伊豆の国市ままの上270
電話▼055・947・1111
アクセス▼電車／JR三島駅より車で約30分。伊豆箱根鉄道伊豆長岡駅より車で約5分。車／東名高速沼津ICより約30分

料金▼7万3500円～（2食付）
IN▼15時／OUT▼11時

【甲信越】

◎**星のや　軽井沢**……50頁
住所▼長野県軽井沢町星野
電話▼0267・45・6000
アクセス▼電車／長野新幹線軽井沢駅より車で約15分。車／上信越自動車道碓氷・軽井沢ICより約20分

料金▼5万4000円～（2泊1室2名利用のひとり分の料金・宿泊のみ）
IN▼15時／OUT▼12時

【北陸】

◎**べにや無何有**《むかゆう》……62頁
住所▼石川県加賀市山代温泉55の1の3

電話▼0761・77・1340
アクセス▼電車／JR北陸本線加賀温泉駅より車で約10分。飛行機／小松空港より車で約30分。車／北陸自動車道加賀IC、片山津ICより約30分
料金▼3万1650円～（2食付）
IN▼15時／OUT▼11時

◎**浅田屋**……134頁
住所▼石川県金沢市十間町23
電話▼076・231・2228
アクセス▼電車／JR北陸本線金沢駅より車で約7分。車／北陸自動車道金沢西IC、金沢東ICより約20分

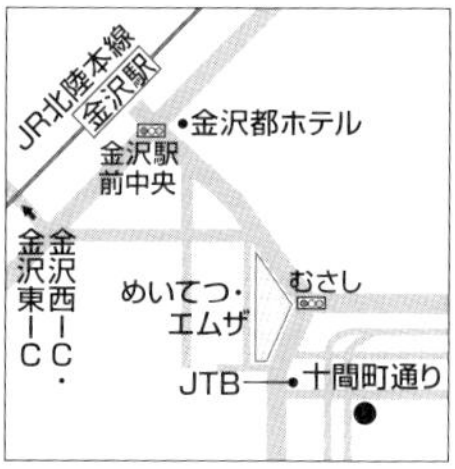

料金▼3万5000円～（2食付）
IN▼14時／OUT▼12時

【東海】

◎**志摩観光ホテル　ベイスイート**……142頁

住所▼三重県志摩市阿児町神明７３１（賢島）
電話▼０５９９・４３・２１１１
アクセス▼電車／近鉄賢島駅より車で約３分（送迎車あり。要予約）。飛行機／中部国際空港セントレアより津エアポートライン→近鉄利用、または名鉄→近鉄利用賢島駅まで約２時間。車／伊勢自動車道伊勢西ICより約40分

料金▼２万円〜（室料のみ）
IN▼15時／OUT▼12時

【近畿】

◎**奈良ホテル**……………………１０２頁
住所▼奈良県奈良市高畑町１０９６
電話▼０７４２・２６・３３００
アクセス▼電車／JR奈良駅より車で約８分、近鉄奈良駅より車で約５分。飛行機／関西国際空港より車で約80分。車／西名阪自動車道天理ICより約10分
料金▼１万６９０５円〜（朝食付）
IN▼15時／OUT▼11時

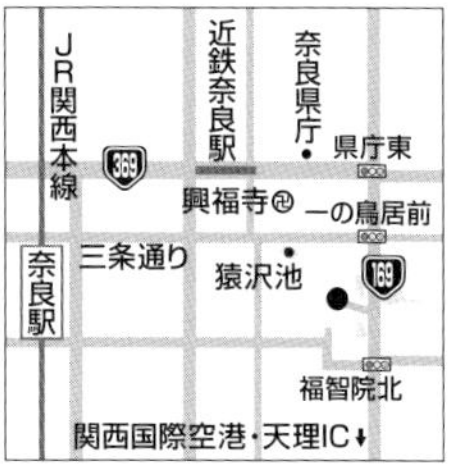

◎**炭屋旅館**……………………１２６頁
住所▼京都府京都市中京区麩屋町三条下ル
電話▼０７５・２２１・２１８８
アクセス▼電車／JR京都駅より車で約15分。地下鉄烏丸御池駅より徒歩約10分。地下鉄東西線市役所前駅より徒歩約５分。京阪三条駅より徒歩約10分。阪急烏丸駅より徒歩約10分

料金▼３万円〜（２食付）（税別・サ込）
IN▼15時／OUT▼10時30分

◎**柊家**《ひいらぎや》……………………１９６頁
住所▼京都府京都市中京区麩屋町姉小路上ル中白山町
電話▼０７５・２２１・１１３６
アクセス▼電車／JR京都駅より車で約15分。地下鉄烏丸御池駅より徒歩約10分

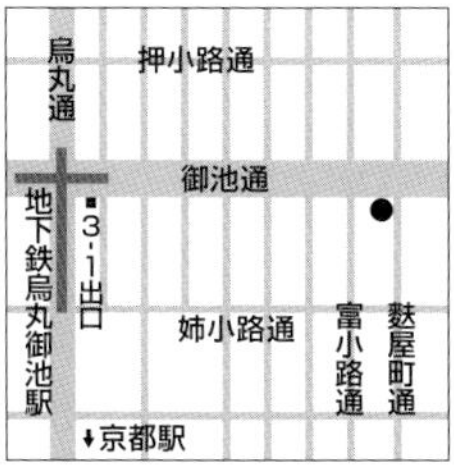

料金▼３万１５００円〜（２食付）
IN▼15時／OUT▼11時

【中国】

◎**旅館くらしき**……………………１１８頁
住所▼岡山県倉敷市本町４の１
電話▼０８６・４２２・０７３０
アクセス▼電車／JR山陽本線倉敷駅より徒歩約15分。飛行機／岡山空港より空港連絡バス倉敷行き利用、終点倉敷駅下車。車／山陽道倉敷ICより約20分。瀬戸中央自動車道早島ICより約20分

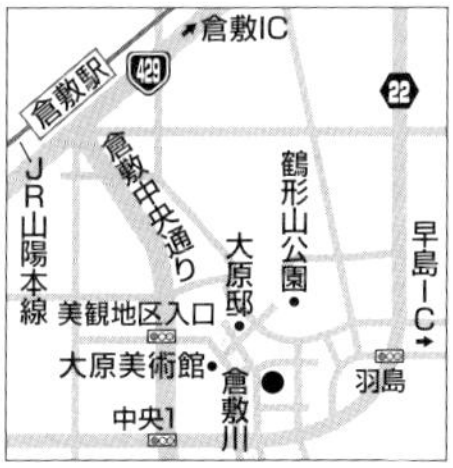

料金▼2万8000円～（税込・サ別）
IN▼15時／OUT▼11時

◎**別邸 音信**《おとずれ》……………74頁
住所▼山口県長門市湯本温泉
電話▼0837・25・3377
アクセス▼電車／JR美祢線長門湯本駅より徒歩約15分。送迎あり（要予約）。飛行機／山口宇部空港より車で約70分。車／中国自動車道美弥ICより約35分

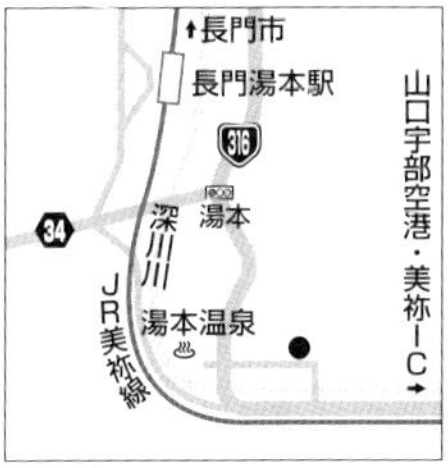

料金▼3万6900円～（2食付）
IN▼14時／OUT▼11時

◎**岩惣**《いわそう》……………224頁
住所▼広島県廿日市市宮島もみじ谷
電話▼0829・44・2233
アクセス▼電車／JR山陽本線宮島口駅下車、宮島口桟橋より連絡船で約10分。飛行機／広島空港より宮島口駅まで車で約50分。広島空港から広島駅はシャトルバスで約45分。車／山陽自動車道大野IC、または廿日市ICより宮島口桟橋まで約10分

料金▼1万9950円～（2食付）
IN▼15時／OUT▼11時

【四国】

◎**ベネッセハウス**……………170頁
住所▼香川県香川郡直島町琴弾地
電話▼087・892・3223
アクセス▼電車／JR宇野駅下車徒歩5分。宇野港より四国汽船フェリーで約20分、直島 宮浦港。飛行機／高松空港よりことでんバスで高松築港約40分。高松港より四国汽船フェリーで約50分、直島 宮浦港。車／瀬戸中央自動車道水島ICより宇野港、四国汽船フェリーで直島 宮浦港へ

料金▼3万1185円～（室料のみ）
IN▼15時／OUT▼11時

【九州】

◎**界**《かい》**ASO**……………34頁

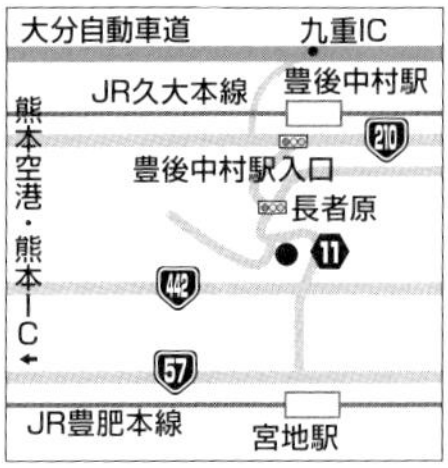

住所▼大分県玖珠郡九重町湯坪瀬の本628-6

電話▼0120・081022（フリーダイヤル）0967・44・1000
アクセス▼飛行機／熊本空港より車で約70分。熊本空港より無料シャトルバスあり（要予約）。電車／JR豊肥線宮地駅より車で約30分。車／九州自動車道熊本ICより約90分、大分自動車道九重ICより約40分
料金▼4万7400円～（2食付）
IN▼14時／OUT▼12時

【沖縄】

◎南西楽園 シギラベイサイドスイート アラマンダ……180頁
住所▼沖縄県宮古島市上野字新里東素原926-25
電話▼0980・74・7100
アクセス▼宮古空港より車で約15分。宮古空港より専用車送迎あり（要予約）

料金▼3万1500円～（朝食付）
IN▼14時／OUT▼11時

◎ジ・アッタテラス クラブタワーズ……188頁
住所▼沖縄県国頭郡恩納村安富祖1079
電話▼098・983・3333
アクセス▼那覇空港より車で約80分

料金▼5万8905円～（朝食付）
（2011年4月1日以降の料金）
IN▼14時／OUT▼11時

撮影　安井敏雄
　　　和田直樹
　　　有高唯之

著者略歴

渡辺淳一（わたなべ・じゅんいち）
一九三三年一〇月二四日、北海道生まれ。札幌医科大学卒業。医学博士。整形外科医のかたわら執筆を始め、六五年、『死化粧』で一躍脚光を浴び、七〇年、『光と影』で第六三回直木賞を受賞。八〇年、『遠き落日』『長崎ロシア遊女館』で第一四回吉川英治文学賞を受賞。二〇〇三年、紫綬褒章を、さらに同年、第五一回菊池寛賞を受賞。他に『花埋み』『無影燈』『阿寒に果つ』『くれなゐ』『化粧』『ひとひらの雪』『女優』『化身』『うたかた』『夜に忍びこむもの』『失楽園』『源氏に愛された女たち』『かりそめ』『マイ センチメンタルジャーニイ』『エ・アロール（それがどうしたの）』『夫というもの』『幻覚』『愛の流刑地』『鈍感力』『あじさい日記』『欲情の作法』『告白的恋愛論』『幸せ上手』『孤舟』など著書多数。二〇一一年一月、「天上紅蓮《ぐれん》」にて二度目の文藝春秋読者賞を受賞。

オフィシャルブログ「渡辺淳一楽屋日記」
http://ameblo.jp/m-walk/

※本書に収録された対談は、宿泊予約サイト「一休.com」の運営するウェブマガジン「一期一会」にて、2007年4月から2009年3月に掲載された内容をもとに、構成したものです。

一《いち》度《ど》は泊《と》まりたい日本《にほん》の宿《やど》

二〇一一年二月二八日　第一刷発行
二〇一一年三月三〇日　第二刷発行

著者　渡《わた》辺《なべ》淳《じゅん》一《いち》
発行者　舘 孝太郎
発行所　株式会社 集英社
〒一〇一―八〇五〇
東京都千代田区一ツ橋二―五―一〇
電話　編集部　〇三（三二三〇）六一四一
　　　販売部　〇三（三二三〇）六三九三
　　　読者係　〇三（三二三〇）六〇八〇

印刷所　大日本印刷株式会社
製本所　加藤製本株式会社

ISBN978-4-08-781472-9 C0095